Éditions Druide
1435, rue Saint-Alexandre, bureau 1040
Montréal (Québec) H3A 2G4

www.editionsdruide.com

RELIEFS

Collection dirigée par
Anne-Marie Villeneuve

Pauline
septembre 2015

DE LA MÊME AUTEURE

La mouvance de mes jours, essai, coll. «Écrire»,
Éditions Trois-Pistoles, 2014.

Les Sœurs du Cap, roman, Hurtubise, 2013.

La Promeneuse du Cap, roman, Hurtubise, 2010.

Souvenirs d'amour : journal de mes vingt ans, récit Hurtubise, 2009.

L'Angélus de mon voisin sonne l'heure de l'amour, roman,
Hurtubise, 2007.

Les Mots de mon père, correspondances, Hurtubise, 2005.

L'Actrice, roman, Hurtubise, 2004.

Cap-au-Renard, roman, Hurtubise, 2002.

Portal en chansons, recueil de poésie, Trois-Rivières/Pantin,
Les Écrits des Forges/Le Temps des Cerises, 2001.

L'Enchantée : récit d'une quête, roman, Québec Amérique, 2001.

Jeanne Janvier, récit, Libre Expression, 1981.

Où en est le miroir ?, pièce de théâtre en collaboration avec
Marie-Lou Dion, Éditions du Remue-Ménage, 1979.

Livres jeunesse

Camille la jonquille, album, Dominique et compagnie, 2014.

Juliette et Roméo, album, Hurtubise, 2010.

Ulysse et Pénélope, album, Hurtubise, 2008.

PAULINE ET MOI

Catalogage avant publication de Bibliothèque et Archives nationales du Québec et Bibliothèque et Archives Canada

Portal, Louise

     Pauline et moi

     (Reliefs)

     ISBN 978-2-89711-223-3

     1. Portal, Louise - Famille. 2. Écrivains québécois - 20e siècle - Biographies. I. Titre. II. Collection : Reliefs.

PS8581.O745Z47 2015   C843'.54   C2015-941477-6

PS9581.O745Z47

Direction littéraire : Anne-Marie Villeneuve
Édition : Luc Roberge et Anne-Marie Villeneuve
Révision linguistique : Jocelyne Dorion et Isabelle Chartrand-Delorme
Assistance à la révision linguistique : Antidote 8
Maquette intérieure : Anne Tremblay
Mise en pages et versions numériques : Studio C1C4
Conception graphique de la couverture : Anne Tremblay
Photographie de l'auteure : Marie-Reine Mattera
Diffusion : Druide informatique
Relations de presse : Evelyn Mailhot

ISBN PAPIER : 978-2-89711-223-3
ISBN PDF : 978-2-89711-224-0
ISBN EPUB : 978-2-89711-225-7

Éditions Druide inc.
1435, rue Saint-Alexandre, bureau 1040
Montréal (Québec) H3A 2G4
Téléphone : 514-484-4998

Dépôt légal : 3e trimestre 2015
Bibliothèque nationale du Québec
Bibliothèque nationale du Canada

Imprimé au Canada

Louise Portal

PAULINE ET MOI

Récit

Druide

Mon enfant, ma sœur

BAUDELAIRE

Il est plus facile de mourir que d'aimer.
C'est pourquoi je me donne le mal de vivre
Mon amour…

ARAGON

À toi jumelle adorée
Que ton visage soit toujours
Un soleil rayonnant de bonheur
Un sourire est le moyen
Ta jumelle qui veut te rendre heureuse

Lou, le 12 mai 1965

OCTOBRE 2009

Ma sœur jumelle est malade. Une fois de plus en rupture, je ne sais comment me réconcilier avec elle. Pour exorciser la peur de sa mort que je pressens imminente, j'imagine cette rencontre. Entre Pauline et moi[1].

On m'avait appelée pour que je vienne le plus tôt possible. De faire vite.

La porte était entrouverte. J'attendis un instant avant de franchir le seuil. Surtout être vigilante, me préparer à toute éventualité. Une forte odeur de tabac remplissait l'air, déjà irrespirable. Je m'avançai lentement dans le

---

1. Le texte qui suit, en italique, est inspiré de la nouvelle « Adieu Valence » publiée dans le magazine *Le Bel Âge* en novembre 2011.

vestibule. L'espace, de petite dimension, n'était encombré d'aucun objet, ni tableau ni mobilier. Seules, deux portes-miroirs coulissantes dissimulaient un vestiaire entrouvert. Vide. Comme si personne n'habitait les lieux.

L'émanation de mégots séchés, de cendre poussiéreuse se fit plus persistante à mesure que j'avançais dans le couloir, qui déboucha sur ce qui me sembla être une salle de séjour. La pénombre ne me permettait pas de voir clairement et je distinguais mal les contours de cet appartement où je n'avais jamais mis les pieds. Je m'immobilisai. Un léger parfum de vanille venait de m'empoigner. Soudain, je me rappelai combien la personne qui logeait ici aimait cette essence aromatique: en eau de toilette, parfum ou savonnette, dans le yogourt, les pains et les gâteaux, sous forme d'encens ou en flacon d'huile naturelle. « Pour adoucir les heures amères de son existence », pensais-je. J'avais peine à poursuivre mon avancée. Régnait, en ce tombeau muet, un parfum de… délivrance. Le mot avait surgi sur mes lèvres à la vue du corps allongé au milieu du salon, parmi des dizaines de sacs de récupération. Le visage recouvert d'un fin linge, le corps donnait l'impression de flotter sur une mer plastifiée. Une mer... pacifiée. Turquoise. Les sacs de plastique laissaient deviner des vêtements, des livres, des objets. Toute une vie agonisant sous polyéthylène.

J'avançai prudemment. Pour ne rien déplacer. Arrivée près du corps, je m'accroupis. Une chemise de nuit fatiguée le recouvrait. Malgré la silhouette grossièrement emmaillotée, je reconnus celle que je n'avais pourtant pas revue depuis des années. Dans les replis de la robe vétuste, je pouvais lire la souffrance d'une existence décousue, abîmée.

Cette fois, j'avais répondu à l'appel. J'étais là pour faire mes adieux.

À une morte.

À la vue de cette femme auprès de laquelle j'avais grandi, vieilli, de nombreux souvenirs refluaient pêle-mêle. Momentanément étourdie, je ne cherchai pourtant pas à rebrousser chemin. Nous étions réunies à nouveau et, cette fois, je n'avais plus à craindre que nous nous fassions souffrir l'une et l'autre. Terminés les blâmes et les paroles cinglantes. Terminées les demandes insensées et les pensées coupables. Terminés les appels sans réponse ou le téléphone raccroché. Terminé l'infranchissable silence. Tout cela était terminé.

Ma sœur était morte !

Emportant avec elle ses peines et sa détresse. Muette. Insoutenable.

Pendant des années, à plusieurs reprises, j'avais tenté de me réhabiliter à ses yeux, de rentrer dans ses bonnes grâces. Tentatives inutiles. Chaque fois, je me heurtais à une porte fermée ou qui ne s'ouvrait plus que sur la colère. Rejetée et bannie, je m'étais résignée. Éloignée. Pour de bon. Pour toujours. Décision cette fois sans appel. Définitive.

Aujourd'hui, je franchissais sa porte. De plein gré. Sans crainte de l'entendre me sommer de m'en aller.

Morte, elle pouvait enfin se laisser aimer.

Par respect ou par appréhension, je n'osai pas toucher au suaire qui recouvrait son visage. Je restai prostrée. À prier. Qui ? À qui adresser ma prière ? Je ne le sais pas. Faiblement, une voix se leva en moi pour demander à quelqu'un de l'accueillir, puisque je n'y étais jamais

*parvenue. Qu'elle repose enfin. Que cesse ce vacarme
qui l'avait rendue sourde à toute espérance. Assourdi
son cœur. Foudroyé sa poitrine.*

*Après ce moment de recueillement, dans une sorte de
cérémonie commémorative, je commençai l'inventaire
des sacs qui renfermaient la vie de ma sœur aimée et
perdue.*

Éperdue.

*Dans le premier sac, une boule de langes. Je la déroule
délicatement. Sont entremêlées deux petites couver-
tures de laine écrue, bordées de rubans jaunis : les
restes de ce qui avait langé ma venue au monde et
la sienne, le même jour, à quelques minutes d'intervalle. Toute ma vie, j'ai cru qu'il me fallait prendre
soin de cette sœur délicate. L'aimer inconditionnelle-
ment pour être aimée d'elle en retour. Mon éjection
de la matrice, avant elle, avait été vécue comme un
abandon. Le premier. Impardonnable. Désormais, ma
sœur chercherait l'osmose, le lien unique. Recréer celui
qui était présent pendant notre vie fœtale et auquel je*

m'étais dérobée. J'étais la sœur évadée du nid utérin. À jamais absente. Un vide impossible à combler.

~

Après avoir déposé les langes sur le corps immobile, j'entonne une berceuse apprise au temps d'hier. Mystérieusement, une autre voix se joint à la mienne. Frêle. Si légère. À peine audible. Une source cachée dans le sous-bois ou le chant lointain d'un oiseau solitaire. Je reconnais le timbre de notre mère.

Par un curieux enchantement, voici que maman se retrouve avec nous, à fredonner une mélodie, comme elle le faisait les soirs d'hiver quand le froid mordait nos joues et que nous rentrions gelées et fourbues d'avoir trop joué dans la neige. Toutes les trois, nous nous blottissions affectueusement l'une contre l'autre devant le foyer, et ma sœur et moi nous nous laissions bercer par cette voix angélique.

Moment de réminiscence.

Ma sœur avait hérité de cette jolie voix. Toute petite, elle ne se faisait pas prier pour chanter à l'occasion des fêtes et des anniversaires. Sauf lorsque celui qu'on surnommait avec déférence «Le Chanoine» nous faisait sa visite annuelle. Elle en avait peur et refusait de lui offrir ce cadeau, malgré l'insistance de notre père qui se sentait redevable au Chanoine de lui avoir payé des études universitaires. L'homme d'Église, de haute stature, était vêtu de noir, à l'exception d'un large ceinturon violet qui lui enserrait la taille. Il portait un curieux chapeau en forme de cuvette, que nous nous amusions à nous lancer comme un ballon dès que les adultes avaient le dos tourné. L'homme riait fort, en montrant des dents jaunies et croches, tout en nous flattant la joue d'une main veineuse et crispée. Dieu que nous n'aimions pas cela!

Dans un des sacs, je trouve le fameux ceinturon violacé dont ma sœur a hérité. Il devait lui porter chance dans ses études. Je le dépose autour de mon cou. Le satin mauve sent l'encens et la prière. Mon Dieu, l'avez-vous reçue? Est-elle auprès de vous? Je prie même le vieux chanoine d'intercéder pour elle. À voix basse, je murmure des incantations pour me délivrer de la tristesse nouée à mes souvenirs.

Brillante élève, ma sœur avait terminé des études collégiales avec une mention d'excellence. Malgré cela, elle refusa d'entrer à l'université. Elle désirait devenir esthéticienne. Le cours, à demi achevé, ne lui procura qu'un petit boulot de réceptionniste dans un salon de coiffure. Elle y travaillait quelques heures par semaine et flambait la totalité de son salaire en sorties et dépenses de toutes sortes. Généreuse, avec un grand besoin d'être aimée, elle payait la traite à tout le monde. On la surnommait la fille du soleil!

La photo que je découvre au fond du sac la représente bien en ces années psychédéliques. Bronzée et savamment maquillée, elle porte des faux cils et des cheveux coupés à la garçonne. Son corps et sa poitrine voluptueuse s'offrent dans un seyant bikini blanc. Trois jeunes mâles, aux corps bien sculptés, la tiennent par la taille. Elle sourit, insouciante en ces années où sa beauté rayonne.

Une imperceptible mélancolie agite pourtant sa prunelle. Je le constate aujourd'hui. J'y perçois l'annonce d'un mal qui prendra des années à tisser sa toile: la dépression.

*En ce jour d'été, au bord du lac, toutes les promesses
sont suspendues à ses paroles et à ses gestes. Elle a à
peine vingt ans, de jolis garçons lui font la cour, la bière
est douce, l'amour est libre et ma sœur croit qu'Elvis
chante pour elle* Love Me Tender. *Un jour, elle écrira
au charismatique chanteur. La lettre reviendra avec
cette note:* Return to sender. *Cet événement la fera
pleurer pendant des jours et des jours. Inconsolable.
Affront. Rejet. Moqueries de ma part, bien sûr. Je lui
chante à tue-tête* Return to Sender, *un des succès de
son Elvis à présent déchu, banni. Elle ne l'aime plus.
Elle fera fondre les 33 tours de sa vedette pour en faire
des cendriers. Elle fume. Du tabac, de la marijuana,
du kif, du hachich.*

*Commence alors, imperceptiblement, son voyage vers
la déroute. À venir.*

*La berceuse de maman fait place à une musique de
Pink Floyd. Un étourdissement me prend la tête. Mon
corps veut se dissoudre. Comme cette fois où nous avions
expérimenté une drogue hallucinogène. Beaucoup trop
forte pour ma sensibilité. Je ne savais plus où j'en étais.*

Toute la bande avec qui nous étions s'était déshabillée pour se baigner nue dans les chutes. J'hallucinais, persuadée que tous allaient périr. Le bruit de l'eau était assourdissant. Je m'étais mise à trembler de la tête aux pieds. Ma sœur se moquait de moi. En parfait équilibre sur les rochers, au bord de la falaise vrombissante, la fille du soleil dansait. Offrant sa sensuelle beauté au regard de tous. Sans pudeur, sans gêne et sans crainte.

Je ferme les yeux pour calmer la vision intérieure, mais la musique de Pink Floyd s'intensifie.

Je tombe dans les chutes. Je me noie dans le chagrin qui me submerge, roule sur moi et me cogne contre la paroi rocheuse d'hier. Mes poings frappent les sacs. Je hurle, je vocifère des insanités, je blasphème avant de m'effondrer de douleur parmi les sacs éventrés.

À mon tour, je suis une épave. À la dérive sur une mer de regrets.

Un bruit me sort de cette tourmente.

Une poupée russe roule sur le plancher de bois verni. Souriante, joufflue et colorée, elle invite un souvenir à faire surface.

Alors que nous étions encore toutes petites, nos parents
étaient partis pour l'Europe en voyage d'études et nous
avaient laissées sous la tutelle de notre grand-mère
maternelle pour une année complète. Nous logions
alors dans un vieil immeuble situé dans la basse-ville
et qu'on surnommait le Vieux Canada. La fille cadette
de ma grand-mère habitait avec nous. Tante adorée et
notre préférée, elle se substitua, au fil des mois, à notre
mère. Elle nous cuisinait des gâteaux chocolatés, nous
tricotait des mitaines de couleur, nous faisait la lecture
en incarnant tous les personnages des contes illustrés.
Sorte de magicienne des mots, à la chevelure de jais, à la
peau sombre et au regard d'une brillance extraordinaire.
Quand elle entrait dans notre chambre pour voir si nous
dormions, ses yeux flambaient dans la pénombre.

Elle était la marraine de ma jumelle et la couvrait
d'attentions et de petits présents qu'elle cachait sous son
oreiller : de minuscules animaux de verre que ma sœur
collectionnait. Un jour, à notre anniversaire, notre tante,
que nous surnommions affectueusement « mommine »,
nous offrit à chacune une charmante poupée russe. Ma
sœur entra dans une colère noire et lança sa poupée, qui
se fracassa sur le plancher. La poupée confisquée ne

fut pas remplacée. La générosité de notre tante avait entaché, chez ma sœur, la relation exclusive avec sa marraine. D'avoir gardé ma poupée ne me sera jamais pardonné.

Comment se retrouve-t-elle ici, aujourd'hui? J'ai vaguement souvenir de l'avoir cherchée, il y a quelques années, dans les armoires de la maison familiale, sans jamais mettre la main dessus.

Je l'ouvre. Il n'y a plus qu'une seule autre poupée à l'intérieur. Souriantes et presque identiques, toutes les deux portent cependant les marques du temps. Les robes fleuries se sont fanées, le vernis s'est effrité. Mon cœur se froisse. C'est pour m'avoir près d'elle que ma sœur l'avait dérobée.

Doucement, je les emboîte l'une dans l'autre. J'hésite à les déposer entre les mains de ma sœur. Je choisis plutôt de nous les partager. Le temps des otages est bel et bien révolu. J'en remets une à ma sœur et l'autre va se nicher dans ma poche. Elle est à moi.

Pour l'éternité.

27 Août 2010

Ce que j'avais pressenti survient aujourd'hui.

En route vers Baie-Saint-Paul, on m'a appelée pour que je vienne le plus tôt possible. De faire vite.

J'ai rebroussé chemin en ce vendredi matin du mois d'août. À l'urgence de l'hôpital, un médecin, ami de notre famille, m'attend. Après m'avoir embrassée, il me fixe droit dans les yeux et m'annonce, avec autant de délicatesse qu'il est possible en pareille circonstance : « Nous lui avons passé un scanneur à son arrivée, tôt ce matin. Le cerveau est comme un fromage gruyère, Louise, c'est la fin. On ne peut plus rien tenter. » Je le remercie d'un pâle sourire. Mon frère et mes sœurs me font signe d'entrer.

J'attends un instant avant de franchir le seuil. Surtout être vigilante, me préparer à toute éventualité.

Prudemment, le cœur cognant dans la poitrine, je m'avance et referme le rideau derrière moi.

Cette fois, j'ai répondu à l'appel. Je suis là pour faire mes adieux.

À ma sœur mourante.

Ma belle Pauline…

Toi… que je n'ai pas revue depuis cinq ans…, toi…, allongée sur cette civière…, déjà ensevelie dans un coma tranquille.

Je frôle délicatement ta chevelure devenue blanche qui n'enlève rien à la jeunesse de ton visage qui, miraculeusement, a retrouvé l'insouciance de nos tendres années. Pourtant, tu viens de traverser une dépression profonde et un cancer du sein qui t'achemine, aujourd'hui, vers la mort. Cette mort que tu as appelée. Toi, si fatiguée de vivre, épuisée à tenter d'amadouer les démons qui, depuis trop longtemps, te harcelaient, sans répit.

Je te vois enfin apaisée.

Laisse-moi embrasser ton front, comme on le fait pour une enfant malade que l'on veut réconforter. Ma petite, ma Flavie-Pauline. Mon enfant, ma sœur…

Mon enfant, ma sœur,
Songe à la douceur
D'aller là-bas vivre ensemble !
Aimer à loisir,
Aimer et mourir
Au pays qui te ressemble[2] !

Ma voix soudain s'émiette, déchirée par les sanglots. Je caresse ton visage si lisse, ta peau douce et laiteuse. Sous le drap écru, je devine ton corps qui a tant souffert. C'est souvent avec humour que tu tentais de camoufler ta grande détresse. Ces dernières années, le masque était tombé. Merveilleuse comédienne, tu n'étais plus capable de te voir à l'écran. Tu ne te reconnaissais plus. La séduction t'avait désertée.

---

2. Charles Baudelaire, « L'Invitation au voyage », *Les Fleurs du mal,* 1857.

Pire, elle t'avait piégée, trahie, puis dépossédée de tes charmes.

Laisse-moi te toucher. Tu es si lumineuse, là, dans cette éternité qui prend doucement ta main. Comme je suis reconnaissante à la vie de m'offrir le cadeau d'être présente à ton chevet. D'être arrivée à temps pour marcher avec toi sur le dernier sentier de roses. Avec toi, mon enfant, ma sœur.

Hier, alors que tu étais hospitalisée dans un autre établissement, où nos sœurs et notre frère avaient dû te placer quelques semaines auparavant, vu l'incohérence de tes actes, savais-tu que j'étais déjà près de toi ? Par un étrange hasard, je jouais dans une série dont le tournage se faisait sur l'un des étages fermés de cet hôpital. Je te savais là, Pauline, et je mourais d'envie de courir jusqu'à toi. Te retrouver enfin après toutes ces années de silence. Mais je ne l'ai pas fait. Par crainte d'être repoussée. Tu ne voulais plus me voir. J'étais devenue, bien malgré moi, une sorte de miroir te renvoyant l'image d'un bonheur qui te semblait inaccessible : une vie sereine auprès d'un homme aimant, tendre et attentif. Tu avais eu pourtant de beaux et doux amoureux au cours de ta vie. Un homme, en particulier, t'avait beaucoup aimée et comblée avant de te quitter. Meurtrie, tu t'étais choisi par la suite des partenaires parfois infidèles, certains voyous. Le grand amour, tu l'espérais encore et encore. Il ne s'était jamais présenté et tu l'avais fabulé, dans cette dernière rencontre, il y a quelques années, et il t'avait broyé le cœur.

À présent, je distingue, sous tes paupières closes, une lumière particulière qui enveloppe ton être, et cette vision adoucit ma peine.

Laisse-moi te raconter ma journée d'hier sur le plateau de tournage. Personne ne savait le drame qui se jouait pour nous, sauf l'un de mes partenaires, un ami d'adolescence avec qui nous avons fait du théâtre amateur au Saguenay. Je l'avais mis dans la confidence : « Si je craque…, tu sauras pourquoi. » De temps en temps, je croisais son regard complice et cela me donnait la force de passer à travers cette exigeante journée de tournage. À la fin, comme je quittais le plateau, une employée de l'établissement s'est approchée, heureuse de me rencontrer. Trop bouleversée, dans un élan spontané, je lui ai confié mon désarroi de te savoir hospitalisée entre ces murs et de ne pas oser te rendre visite… Elle m'a écoutée avec compassion et m'a raconté qu'elle aussi avait dû, un jour, faire hospitaliser son frère, ici même. Il se portait mieux maintenant, mais, depuis, il avait coupé toute communication avec elle. Toutes deux, orphelines de l'amour d'un frère et d'une sœur, nous nous sommes serrées dans les bras l'une de l'autre.

C'est une situation, hélas, que l'on retrouve dans de nombreuses familles. Qui n'a pas vécu, à un moment ou un autre, la douloureuse absence d'un membre de sa famille, une exclusion sans appel ?

Combien de fois t'ai-je dit, ma belle Pauline, que tu étais mon outil de croissance le plus précieux ? Notre relation, pendant soixante ans, a été intense, faite de nombreuses ruptures et de tout autant de réconciliations. Jusqu'à ce dernier brunch de Pâques où tu as décrété que tu ne viendrais pas chez notre frère si j'y étais. Tu ne voulais plus me voir, ni ton beau-frère, mon mari, que tu tenais pourtant en très haute estime. La famille a refusé de se plier à ce chantage. Tous étaient invités et il était impératif, à leurs yeux, que cela demeure ainsi. Je crois me rappeler que, cette fois-là, j'ai néanmoins accepté de ne pas être présente, afin de te laisser la possibilité de passer cette journée auprès de ton neveu et de tes nièces que tu aimais tant. Tu les adorais. Personne dans la famille n'a réussi à comprendre cette nouvelle rupture avec moi. Car ce n'était pas la première fois que ce triste scénario se produisait. Mais pour moi, ce serait la dernière et il n'y aurait plus de réconciliation possible. Je n'accepterais plus de jouer le rôle de la rejetée, qui, au fil des années, avait épuisé mon cœur.

C'est à partir de ce moment, ma belle Pauline, que j'ai commencé mon deuil de toi. Le deuil de la relation complice et harmonieuse que j'aurais souhaitée entre nous, sœurs jumelles. Notre lien devenu trop souffrant, je préférais travailler à me résigner et à accepter l'absence, au lieu de tenter encore une fois de le réparer par des coups de fil où tu me raccrochais la ligne au nez, par une correspondance ou des fleurs que tu dénigrais ou interprétais comme des tentatives de manipulation de ma part.

J'ai choisi de me retirer.

Mais c'est tout de même avec tristesse que l'on quitte ce qui longtemps nous a fait souffrir.

Aujourd'hui, je t'embrasse sans crainte. Le miroir est terni, presque éteint. Tu peux te laisser aimer. Laisse-moi t'aimer avec mes mains dans les tiennes, mon souffle dans ton cou, ma voix qui te chante les mots de Baudelaire mis en musique par l'idole de ma jeunesse, Ferré, « Mon enfant, ma sœur… »

Je t'aime Pauline. Je t'aime et je te pardonne. Je me pardonne et nous pardonne. Tout.

Ton neveu chéri vient d'arriver. Le premier petit-enfant de notre famille. Il a tout juste franchi le cap de ses vingt ans. Généreux, il t'a accompagnée souvent à tes traitements de chimiothérapie et la vue de ton combat qui tire à sa fin le bouleverse. Son corps tremble. Il fait un effort éprouvant pour retenir le flot de larmes qui inonde ses yeux. La peine broie son cœur. Il reste là, figé devant ta mort imminente, incompréhensible pour lui qui est confronté à cette réalité pour la première fois.

Je lui cède ma place et je vais mouiller une serviette pour éponger ton front brûlant.

Te souviens-tu, Pauline, de la mort de grand-maman Appoline ? Tante mommine qui descend de voiture pour nous annoncer qu'elle venait de partir… Sur le coup, nous n'avions pas compris. Partie pour où ? Quelques jours plus tôt, elle s'était effondrée dans le vestibule arrière de notre maison, sa belle tête argentée sur le tapis tressé. Femme fière et altière, d'une grande beauté qui, toute seule, avait élevé dix enfants après que son homme, notre grand-père, fut décédé d'un cancer de la gorge. Elle devint une modiste douée et réputée dans toute la région du Saguenay. J'ai hérité d'elle son regard rayonnant sur l'œuvre à accomplir et je garde un vibrant souvenir de l'époque où elle a vécu avec nous. Sa chambre regorgeait de trésors de plumes et de perles qu'elle avait conservés de ces années de chapelière. Tu as toujours dit que je lui ressemblais. Plus je vieillis, plus je marche vers elle qui m'attend dans son antre mystérieux, vêtue de velours et de dentelle, un collier de perles autour du cou, la longue chevelure torsadée en un chignon élégant.

Je te vois sourire, ma sœur, à cette dernière phrase. Tu te dis : « V'là Louise dans sa prose romantique ! » Tu as raison. J'ai été et demeure cette romantique, amoureuse éternelle, morte d'avance et en retard d'un siècle !

Je dépose une fraîcheur sur ton front, je t'embrasse et je te laisse avec Laurent. À plus tard, ma Pauline.

Le couloir de l'urgence est bondé de souffrance. Je traverse un mauvais rêve. Meurt-on comme on a vécu ? Je m'assois sur un banc qui traîne au bout du couloir où Jacques, mon mari, me rejoint. Je laisse enfin couler mon chagrin. Larmes à la fois douloureuses et scintillantes où notre enfance, ma belle Pauline, réapparaît.

～

Jour de Pâques. Coiffées toutes les deux d'un bibi garni de marguerites, nous partons pour la messe. Nous portons fièrement en bandoulière une sacoche de cuir repoussé où sont inscrits nos prénoms : Louise sur l'une et Pauline sur l'autre. Un cadeau

d'anniversaire offert par un oncle qui les a confectionnées. À quel âge ? Je ne me rappelle plus. Toi qui avances sur le chemin qui mène à l'éternité, tu saurais me dire. Ta mémoire a toujours été phénoménale. Tu n'as rien oublié des souvenirs heureux comme des moments qui t'ont abîmée. Malheur à celui ou à celle qui t'a fait vivre du rejet...

Mais gardons-nous, veux-tu, dans le nid douillet et bienheureux de l'enfance. Nous sommes jolies, colorées et toujours habillées pareillement. En ces années cinquante, les couples gémellaires sont glorifiés et les filles, en particulier, sont toujours vêtues de façon identique. Cette mode a même entraîné notre sœur Priscilla dans cette coutume singulière.

Nombreuses sont les photos, en ces années, où nous sommes toutes les trois vêtues de la même façon. En petites filles sages aux mignonnes robes à pois garnies de rubans rouges ou en garçonnes, sur les grèves de la Gaspésie, avec nos jeans et nos chemisiers à fleurs.

Nous finirons par échapper à cette foutue tradition, à la préadolescence, quand maman nous permettra de varier la couleur. Nous porterons les mêmes vêtements, mais dans des teintes différentes : toi en vert, moi en jaune ou, si tu portes du bleu, je choisis le rose. Terminée cette mascarade qui ravissait tout le monde, mais qui nous emprisonnait et nous empêchait de grandir dans l'expression de notre unicité. Moi plus que toi j'en avais grand besoin. Comme une nécessité de me démarquer de notre couple gémellaire. Très jeune, j'ai été dans cette quête de reconnaissance. Mais je ne pouvais échapper à mon destin. Tu étais mon double. Rappelle-toi nos anniversaires célébrés avec deux gâteaux, un pour chacune. En duo. Dans tout. Tout le temps. Depuis notre naissance.

Tu vas mourir… Tu m'abandonnes encore une fois. Tu t'es absentée dans la dépression, ensuite dans la maladie, et là tu vas mourir…

Est-ce que la vie t'était devenue à ce point insupportable ?

JOUR ET NUIT À TON CHEVET

Je suis de retour auprès de toi. L'ami médecin a su y faire et te voici, quelques heures plus tard, installée dans une chambre pour toi toute seule. Non pas aux soins palliatifs, où il n'y a aucun lit de libre. Il faudra attendre que quelqu'un d'autre franchisse la porte de l'au-delà pour espérer que tu termines dans un espace plus feutré les heures qu'il te reste à vivre.

La veille commence en plein cœur de l'après-midi. Postés à ton chevet, nous serons là, jour et nuit, pour que jamais plus tu ne sois seule. Tu l'as été trop souvent ces derniers mois. Isolée, apeurée, sans tout à fait comprendre ce qui t'arrivait. À présent tu reposes. Je t'entends marmonner. Tu as chaud. Ton corps transpire et s'agite. Une infirmière dévouée et gentille vient t'injecter la dose de morphine qui semble alléger ta souffrance.

Les heures passent et la lente descente commence en ce vendredi soir où Jacques et moi resterons avec toi pour cette première nuit à l'hôpital. Entends-tu la musique d'André Gagnon? Nous l'avons choisie pour qu'elle nous accompagne tous, en douceur, en ce lieu où, derrière les portes, se font entendre l'écho des batailles que livre la maladie, les voix parfois impatientes des employés submergés par la tâche à accomplir, les sanglots des familles éplorées. À notre tour de garder le cap, disposés à t'accompagner dans cet ultime voyage. Nous installons un ventilo et, tout de suite, tu éprouves un soulagement. Je tends l'oreille… « Ah!… Ça… fait… du bien!… » Je reste interdite. Même dans cet état comateux, tu es consciente de cette brise qui frôle ton corps. Tu perçois donc aussi nos caresses et les paroles que l'on te murmure à l'oreille? Tu es encore bien présente à tout ce qui peut t'atteindre. Comme je voudrais te parler, mais je suis intimidée. Je ne sais plus comment m'adresser de vive voix à toi. On ne l'a pas fait depuis si longtemps… Je communique avec toi par la pensée, par mon regard et par cet élan que je sens de mon âme à la tienne. Tu m'as tellement manqué tout au long de ces années. J'aurais tant voulu te sauver, t'arracher aux démons rancuniers qui te rongeaient et dévoraient ton espoir et ta joie de vivre.

L'aube me trouve allongée dans un fauteuil et Jacques dans celui d'à côté. Tu dors paisiblement. La nuit a été tranquille. Je m'approche pour embrasser ton front, mon enfant, ma sœur.

Nous cédons la place à l'une de nos sœurs, qui continuera de veiller sur toi.

MA PRIÈRE

Je marche dans un état second, enveloppée d'une paix diaphane. Mon corps quitte l'hôpital alors que mon âme reste à ton chevet, Pauline. J'entends notre sœur te parler doucement, te border tendrement. Elle qui t'a tant soutenue tout au long de ta chute inexorable, lente descente aux enfers de la dépression et de la maladie. La séparation sera difficile pour elle qui a toujours gardé l'espoir de ta renaissance, de ta guérison. Son acharnement frôlait le déni. Jamais elle n'a été capable d'envisager ton départ, ton absence, ta mort.

Aujourd'hui, cette réalité la projette contre un mur qui l'assomme de chagrin. Voilà son chemin en regard de l'amour. Nous sommes toutes enchaînées, presque malgré nous, à notre personnalité de sauveur. Exigeant, le chemin du détachement dans l'amour.

Il est celui que j'ai choisi ou que ta distance m'a forcée à prendre.

Je viens me déposer quelques heures chez une bienveillante amie, Ségolène, où nous louons une chambre depuis un mois. J'ouvre mon cahier et relis les pages datées du 24 août. Il y a tout juste une semaine, j'écrivais :

Priscilla nous a fait un topo sur la situation depuis l'admission de Pauline en établissement, il y a trois semaines. Son état s'est passablement détérioré. Comme si elle avait complètement lâché, abdiqué. Pour le moment, elle est en observation afin que l'on puisse suivre l'évolution de ses comportements et arriver à poser un diagnostic. Elle ne marche plus. Désormais en fauteuil roulant, avec une mobilité réduite de tout le corps. Incohérente, elle hallucine sur des gens et des situations. Elle marmonne pour elle-même. Les médecins ne savent pas encore s'il s'agit d'un état de psychose ou autre chose. Il est certain, cependant, que notre sœur ne pourra pas retourner vivre seule dans son appartement. Une procuration doit être donnée à l'un d'entre nous pour prendre soin de ses affaires (paiement des comptes, du loyer, etc.).

Nous proposons notre frère Dominique. Nous discu-
tons également pour trouver, dans un avenir rappro-
ché, une résidence appropriée à son état. Notre sœur
en est là !

Même si cette situation était à prévoir, elle est d'une
tristesse infinie. Je suis soulagée d'avoir entrepris, il
y a quelques années, mon processus de détachement
et de deuil. Cela me permet d'accueillir aujourd'hui
cette difficile réalité avec résignation et compassion.
Sans culpabilité. Je ne suis plus uniquement sub-
mergée par l'émotion, mais apte à comprendre et à
faire la part des choses. Dans mon for intérieur, je
prie pour que le dénouement de son destin se déroule
dans le calme. Mais la maladie a des ramifications
nombreuses et mystérieuses que nous ne pouvons
prévoir. Il est rassurant pour la famille de la savoir
accompagnée par des soins professionnels et en lieu
sûr. Il a été convenu que Priscilla continuera de lui
rendre visite régulièrement. Elle en ressent le devoir
et le besoin. Jacques, toutefois, l'a mise en garde
contre sa grande sensibilité en lui rappelant d'être
prudente et, surtout, de ne pas se laisser happer par
la chute de sa sœur. Quant à moi, je ne me sens pas

prête à me manifester par une visite. Je me tiens hors d'atteinte. Je peux, cependant, dans la mesure de mon possible et de mes compétences, collaborer avec ma famille aux décisions et démarches à faire en regard de la situation. Mais il demeure primordial, pour ma santé émotionnelle et la poursuite de mon détachement dans l'amour, de ne pas me retrouver en présence de ma sœur ou dans son environnement (appartement, hôpital ou résidence future). Je laisse à d'autres le soin de s'occuper d'elle. Jacques m'a rassurée en s'offrant d'aider notre frère Dominique dans les démarches qui suivront.

Mon Dieu, en ce matin de prière,
Prenez soin de celle qui souffre au loin.
Offrez-lui une certaine accalmie dans la maladie.
Ramenez-la aux souvenirs heureux de l'enfance
Pour effacer de son cœur toute trace
D'échecs et de trahisons.
Ramenez l'espérance.
Mon Dieu, accueillez-la dans vos bras,
Ceux qu'elle a tant cherchés tout au long de sa vie.

Amen

LES VEILLEURS DE TENDRESSE

Nous sommes de retour dans la chambre. Rien ne bouge à part quelques mèches de tes cheveux blancs qui s'agitent faiblement quand le souffle du ventilateur arrive sur toi qui dors paisiblement. À tour de rôle nous caressons tes pieds, croyant ainsi exorciser la mort que nous sentons si proche.

Les heures coulent, lentes, longues, impuissantes à te ramener parmi nous. Tu avances vers le rideau qui tombera sur le dernier acte de ta vie. La nuit se dépose sur toi et nous sommes tes veilleurs de tendresse, seule action possible en ces heures d'imminent départ.

Soudain, la douleur te ranime. Ton visage éploré semble appeler à l'aide. Je m'élance dans le couloir pour demander à l'infirmière de venir au secours de ta détresse. Elle consulte ta fiche. Il n'est pas encore l'heure de calmer tes souffrances. Ici, les moyens de soulager le mal qui ronge sont inscrits à des heures précises. Douleur ou non, on te donnera ce qui a été prescrit par le médecin. C'est le protocole!

La révolte gronde en moi.

Je retourne à ta chambre. Je me désespère de te voir ainsi, allongée, tout en sueurs, tes jambes qui s'agitent dans tous les sens. Comment se fait-il que tu n'aies pas accès à une chambre aux soins palliatifs? La guerrière monte au front. Jacques tente de me retenir. En vain.

Je reprends ma course vers le poste de garde.

« À quel étage, les soins palliatifs? »

L'infirmière que je dérange encore une fois me regarde pourtant avec compassion.

« Au fond du couloir, vous y accédez directement. »

Je reprends ma course. Je vole à ton secours comme j'ai tenté de le faire si souvent, espérant t'éviter les écueils et la douleur. Je me sens si impuissante. Il ne te reste que quelques jours à vivre, Pauline, et je veux si fort que tes heures soient paisibles. Je me lève contre la tempête qui s'agite en toi, qui s'agite en moi, qui s'agite en nous.

Au fond du couloir, un espace aux lumières tamisées et parfumé aux huiles essentielles m'accueille. Avec son superbe bouquet de fleurs, le poste de garde ressemble davantage à la réception d'une chaleureuse auberge. L'infirmière vient vers moi. Je me jette dans ses bras, sans retenue. À travers mes sanglots, je tente de lui expliquer que tu te meurs, que tu serais beaucoup mieux ici, que tu as tant souffert ces dernières semaines… La femme me reçoit avec générosité. Elle comprend mon désarroi. Elle connaît ce passage difficile de la vie à la mort. Combien d'autres comme moi a-t-elle ainsi reçus dans ses bras? Combien d'autres infortunes a-t-elle bercées? L'infirmière a la jeune cinquantaine et en a vu bien d'autres. Je me calme. Sa voix se veut rassurante. «Malheureusement, il n'y a pas de chambre libre pour le moment. Il faudra attendre que quelqu'un nous quitte… »

Je reste sans voix.

Il n'y a que la mort pour te faire une place, Pauline. Pour qu'à ton tour tu cèdes ton lit à un autre… Je comprends. J'accepte et je repars, cette fois d'un pas lent et résignée. Je croise l'infirmière, qui me dit avoir eu l'autorisation d'aller te faire une injection. J'essuie mes larmes et je pénètre dans la chambre. Tu dors et Jacques aussi, la tête appuyée sur le drap, sa main dans la tienne. Scène émouvante. Tu aimais tant la présence de ses mains de massothérapeute sur ton corps affamé de tendresse. Je m'allonge dans le fauteuil, j'invite à nouveau les souvenirs heureux à faire surface. Laisse-moi te raconter…

Nous sommes à Québec pour célébrer notre cinquantième anniversaire. J'ai pensé t'offrir un cadeau qui te ramènera au temps de tes quinze ans. J'ai réservé deux places pour assister au spectacle *Elvis au Capitole.* Nous sommes pomponnées, sur notre trente-six. Toi dans une ample robe en voile orangée et écharpe assortie. Tu rayonnes de bonheur de revoir l'artiste remarquable qui incarne de façon exceptionnelle l'idole de ta jeunesse : Elvis Presley. À la chanson *Teddy Bear,* tu t'élances vers la scène pour lui remettre un petit ourson en peluche, acheté expressément pour vivre ce moment d'osmose et qui te laisse croire qu'Elvis est de retour et chante exclusivement pour toi.

Autour de nous, les gens nous reconnaissent et s'amusent de notre enthousiasme à crier comme des adolescentes. Nous connaissons les paroles de toutes les chansons et après le spectacle, nous rentrerons soûlées de musique, la voix esquintée d'avoir trop chahuté et chanté. Le charmant petit logis que j'ai loué nous accueille et nous causons tard dans la nuit, comblées de ce moment de retrouvailles qui fait suite à un autre où la distance, une fois de plus, s'était immiscée entre nous. Tu finis par t'endormir, un sourire en cœur sur les lèvres. Je t'observe dans la pénombre. Tu ressembles à la poupée russe, joufflue, ronde et colorée que tante Gemma, notre mommine, nous a donnée quand nous étions petites. Tu es belle ainsi allongée dans la paix d'esprit. À un moment, dans ton sommeil, tu fredonnes *Love Me Tender*…

TON AMIE CATHERINE

Catherine vient d'arriver. Ta meilleure amie. La plus fidèle. Ta sorcière bien-aimée, ta fée marraine. Celle qui te tirait le tarot et toutes sortes de cartes divinatoires. Catherine, dotée d'un instinct foudroyant de justesse, une vieille âme de sage qui a elle-même lutté contre un cancer et qui a su t'accompagner si souvent dans la traversée périlleuse de ta vie affective. Je l'aime tellement. Comme si aimer Catherine me rapprochait de toi. M'octroyait le droit de t'aimer à travers elle. Tu sais que j'allais quelquefois la visiter à Rimouski? Là même où tu allais la rejoindre l'été, à la grève du Rocher Blanc. Tu allais t'y réfugier pour retrouver l'enfant d'hier, assise dans le sable, drapée dans une de tes robes aux couleurs chatoyantes, le visage offert à la brise aimante du large avec tes orteils qui frisaient de bonheur.

Catherine, mère de toutes les consolations, me serre dans ses bras avant de s'approcher de toi.

« Ma belle Pauline… Où es-tu, ma belle Pauline ? »

Son regard descend si profondément en toi, fouille la brèche pour te rejoindre là où tu flottes, déjà dans un espace qui te porte de plus en plus loin de nous.

Le silence redevient notre prière. La chambre muette dort au rythme de ton souffle qui ralentit d'heure en heure. Les cloches dominicales sonnent au loin. Un infirmier costaud, accompagné d'une jeune stagiaire, nous invite à les laisser seuls pour procéder à ta toilette.

En compagnie de Catherine, nous nous installons dans une alcôve près des ascenseurs. Ta fidèle amie nous raconte sa dernière visite auprès de toi, la semaine dernière. J'apprends que tu étais redevenue telle une petite fille, la petite Flavie-Pauline, et que tu appelais notre mère sans relâche. « Maman…, maman…, maman… » Comme une enfant apeurée appelle sa mère pour qu'elle vienne la rassurer. Catherine t'a demandé d'ouvrir les yeux et de lui parler. Tu lui as dit que Jacques et moi étions venus te visiter la veille et que Jacques t'avait donné un massage... À écouter Catherine, je pleure, je pleure, je pleure. Cela me touche infiniment d'apprendre que, dans cet état de délire, tu retrouvais notre présence bienfaisante à tes côtés. Tu revivais tous ces moments que nous avions partagés avec toi. Tous ces gestes posés à ton égard n'avaient pas souffert de notre éloignement : les mains apaisantes de Jacques sur ton corps affligé de solitude, les trois déménagements successifs dans lesquels nous t'avions assistée, souhaitant que tu trouves enfin un lieu propice à ton bonheur, ces week-ends en notre sanctuaire où tu venais déposer ta fatigue et les invitations à nous accompagner en escapade ici et là ou à venir nous rejoindre en notre havre gaspésien. Je réalise, avec gratitude, que malgré le silence des dernières années, jamais n'a été effacée toute l'affection que l'on t'a prodiguée.

Cette découverte dépose un baume sur mes regrets, sur mon chagrin.

Le chemin vers l'ultime départ révèle souvent le cœur des êtres et met à jour la véracité des sentiments restés coincés dans l'orgueil et le ressentiment.

Tu nous aimais, Pauline.

Je n'en doute plus.

Nous quittons Catherine, qui passera la fin de la journée avec toi et te veillera la nuit prochaine.

COMÉDIENNE COMME MOI

Alors que je te sais veillée avec amour, je retrouve la petite chambre chez notre amie si chère. Jacques s'absente pour me laisser seule. J'en ai besoin. Pour me déposer dans nos souvenirs, Pauline.

Rappelle-toi notre chambre-boudoir de la rue Cherrier lorsque tu es venue me rejoindre à Montréal. J'étais en deuxième année au Conservatoire d'art dramatique et tu faisais ton cours d'esthéticienne chez Edith Serei. On y vivait modestement. Grâce à une bibliothèque et un paravent, nous avions divisé la grande pièce en trois espaces distincts. Tu dormais au fond, au milieu se trouvait la cuisinette, avec une plaque chauffante à deux ronds, et moi j'occupais l'espace donnant sur la rue, qui servait aussi de salon, où je couchais dans un canapé-lit. Tu te rappelles, on n'avait même pas d'évier ? On lavait notre vaisselle dans un bac sous la douche. Vive la vie de bohème en ces années soixante-dix! Nous étions si heureuses d'être réunies à nouveau et de vivre ensemble dans la métropole. Partie de Chicoutimi l'année précédente, je t'avais abandonnée et tu l'avais vécu difficilement. Tu me l'écriras plus tard. Cela non plus ne me sera jamais tout à fait pardonné. On accumule ainsi les chagrins, les pertes, les absences qui s'entassent au creux de soi et finissent par étrangler l'amour.

Ma belle Pauline, je sais que, malgré moi, je t'ai fait souffrir. Il aurait fallu que je devine tout, que je réponde à tout, règle et anticipe tout. Comme toi, j'avais dix-huit ans et de partout je sentais l'appel du changement. J'ai répondu à l'avenir qui me faisait signe et je suis partie de la maison familiale pour devenir une comédienne. Mon grand rêve! C'était aussi le tien, mais tu le gardais secret. Pour ne pas avoir l'air de vouloir faire comme ta jumelle. Tu restais dans l'ombre des coulisses à nous maquiller pour nos spectacles de théâtre amateur où je jouais avec Marie Tifo, Rémy Girard, Jean-Pierre Bergeron, Han Masson, Ghislain Tremblay, Guy Corneau. Tu me regardais arpenter la scène dans la lumière et tu enfouissais ton rêve dans l'ombre du premier masque de ta vie : celui de maquilleuse. Bien sûr, tu aimais tout ce qui se rapportait à cette découverte de la profession : les produits, les fards, les mascaras, les rouges à lèvres, les parfums qui te permettaient de mettre ta beauté en valeur. Mais ce métier n'était pas fait pour toi. Après cette première année d'études dans la métropole, tu as décidé de retourner vivre dans notre patelin du Saguenay. Ce seront les sorties en discothèque et les fêtes qui orchestreront tes semaines, mais tu te lasseras rapidement de cette vie de retour en arrière qui ne comble pas tes désirs profonds. Un jour, tu oses me confier ce qui taraude ton cœur depuis longtemps : tu penses à te présenter en audition à l'École nationale de théâtre. Cette nouvelle ne me déstabilise pas, bien au contraire. Je mets tout en œuvre pour te trouver un professeur qui préparera avec toi tes scènes d'audition et je m'offre pour te donner la réplique. Je loue un chalet dans les Laurentides pour nous isoler et répéter. Je découvre chez toi une merveilleuse comédienne qui fait surface, avec du chien et une grande sensibilité, doublée d'un sens du comique époustouflant. J'ai souvenir d'une semaine de répétitions intense et inoubliable.

Tu seras acceptée à l'École nationale sur-le-champ. Dès que tu foules la scène, ta nature flamboyante et généreuse est immédiatement remarquée. Ta beauté, ton charisme, ton aplomb font de ta présence un choix incontournable.

Tu jubiles. Tu seras comédienne! Comme moi! Pour la première fois, tu prends les devants. Même si je suis déjà étudiante au Conservatoire, j'ai dû m'essayer à deux reprises avant d'être acceptée. Pas toi! Tu as réussi du premier coup et sans n'avoir jamais fait de théâtre amateur! Toute une victoire pour célébrer ton talent de débutante. Ça promet. Tu as une nature de comédienne forte et les années qui suivront en seront la preuve irréfutable. Tu joueras dans de nombreuses pièces, souvent des créations, de Michel Garneau, Michel Tremblay, Louis Saïa, Michel-Marc Bouchard, Michel Duchesne. Tu seras de la distribution de plusieurs tournées et théâtres d'été. Tu feras rire, tu as le sens de la répartie qui te vaudra toujours d'excellentes critiques et tu fileras, en apparence, un grand bonheur. Tu travailleras beaucoup, tu réussiras admirablement tant sur la scène qu'au petit écran, dans de nombreux téléromans.

Mais le mal insidieux se pointe parfois au cœur de tes relations amoureuses. Tu ne m'en parles pas, mais de loin, je devine ta souffrance. Je la reconnais. Moi aussi, je vis des amours tumultueuses en ces années de la vingtaine. Je me souviens en particulier de ce rendez-vous avec toi au carré Saint-Louis, le jour de notre anniversaire. Nous avions prévu de le célébrer en tête-à-tête, sans nos amoureux. Juste toi et moi. La journée bleue, en ce 12 mai, me porte avec bonheur vers cette rencontre avec toi. Je te vois venir de loin. Tu marches lentement, arborant des lunettes de soleil. Tu me rejoins. Un frémissement dans ta voix et une hésitation dans ton baiser, sur ma joue, me chuchotent que quelque chose ne va pas. Toi si exubérante, tu es trop calme. Je t'observe et remarque une tache mauve sous ton œil droit… Interdite, je t'interroge : tu as un œil au beurre noir ? Tu es tombée dans l'escalier, me dis-tu. Je suis sûre que tu me mens. L'homme avec qui tu vis t'a frappée. Je le sais caractériel. Cet homme venu dans ta vie pour nourrir ton sentiment de victime finira par charcuter ta sensibilité déjà bien fragile.

Je n'insiste pas. J'accepte ce mensonge. Pour ne pas me disputer avec toi. Je dois être très prudente et ne rien faire qui pourrait t'éloigner. C'est là le portrait de notre relation abîmée dans cette dépendance réciproque : je te prends en charge, je me mêle de ta vie, je me permets de te donner des conseils, tu t'éloignes et me rejettes.

Comment ai-je pu me taire jusqu'à ta perte ?

MON IMPUISSANCE

Au fil des années, j'ai finalement accepté de te consi-dérer comme responsable de ta vie. On ne peut sauver personne, je l'ai appris. De toi, ma belle Pauline. Tu as été celle qui me l'a enseigné. Rappelle-toi ce jour d'été où tu étais venue me rejoindre dans ma maison en Gaspésie. Tu revenais d'un séjour chez un ami qui habitait de l'autre côté de la péninsule. Tu es arrivée dans un état survolté, le visage et la silhouette amochés. Tu revenais d'une folle équipée, d'un méchant *trip*, comme tu disais, et j'ai eu le sentiment que, pas maquillée, avec ta robe souillée, froissée, et tes cheveux noués, tu venais t'échouer chez nous. Toi habituellement si impeccable. Et cela m'a inquié-tée. Dès ton arrivée, tu m'as fait la gueule parce que deux amies étaient venues luncher. Je t'avais gardé une assiette, mais tu as déclaré ne pas avoir faim et tu es montée t'installer dans la chambre. Non, ça ne faisait pas ton bonheur que deux étrangères soient à ma table. Tu aurais préféré m'avoir à toi toute seule et, par-dessus tout, ne pas être vue par d'autres dans cet état lamentable.

Une fois à l'étage, tu ne voulais plus quitter la chambre jaune. Tu as prétexté être fatiguée et tu ne t'es pas jointe à nous ni pour aller souper au resto avec nos amis ni venir au feu sur la grève. Aucun élan à partager. Tu boudais, tu t'isolais et je demeurais impuissante à te ramener parmi nous.

Au milieu de la nuit, tu t'es mise à tousser. Une toux profonde qui t'arrachait l'âme. Cela m'a réveillée et une colère noire, violente, s'est emparée de moi. Je te maudissais en silence. Je t'en voulais de venir nous visiter et de nous imposer ta présence mal en point et inaccessible. Je n'ai pu me rendormir et, dès l'aube, j'ai réveillé Jacques. « Faut que je te parle ! »

Mon ressentiment à ton égard écrasait tout sur son passage et Jacques n'arrivait pas à calmer ma furie. Je crachais des mots meurtriers et pleurais des larmes de sang. Il fallait que je sorte de la maison. Vite. Nous sommes allés rejoindre nos amis qui avaient stationné leur motorisé sur la grève. Dans ce décor maritime, sous un ciel qui rosissait doucement, j'ai hurlé. Devant eux qui, un jour, s'étaient avoués vaincus et impuissants en face de l'alcool, je constatais qu'à mon tour j'étais vaincue et impuissante en face de ta souffrance, Pauline. Que je n'arriverais jamais à te sauver. La voix éraillée par les sanglots de ma colère, je gueulais ma peine. Je t'aimais si profondément et de te voir ainsi t'enfoncer dans des comportements qui, je le pressentais, te mèneraient inévitablement à ta perte me fracassait. L'enfer des dépendances a plusieurs ramifications. La nourriture, pour toi, avait toujours été à la fois une amante et une ennemie. Et voilà que des fréquentations douteuses t'éloignaient de plus en plus de la réalité. Je me sentais comme un parent face à son enfant qui se perd au loin, sans pouvoir rien faire pour le rescaper.

Après m'être répandue en ces invectives qui obscurcissaient mon être, ma tempête a été calmée par mon mari et mes amis et j'ai pu reprendre le sentier vers la maison, bien déterminée à te parler et à te demander de quitter les lieux.

Un parfum de vanille a frôlé mon cœur. Un imperceptible vertige m'a fait prendre une pause avant d'entrer. Tu ne m'avais pas entendue franchir la porte-moustiquaire. De dos, au comptoir de la cuisine, tu préparais ton petit-déjeuner. Sentant ma présence, tu t'es retournée, les traits certes un peu bouffis, mais la chevelure auburn bouclée qui encadrait ton visage me renvoyait l'image de toi enfant, si jolie, si croquable. Souriante, tu t'es avancée vers moi pour m'embrasser.

Je t'ai repoussée…

Interdite, tu m'as dévisagée, inquiète. Apeurée déjà pour la suite. Tu te doutais bien que ce refus était le geste qui déclencherait une scène récurrente entre nous. Tu es sortie sur la galerie. En silence, je me suis préparé quelque chose à manger, mais je n'avais pas faim. Je n'avais envie que d'une chose : te parler. Je suis allée te rejoindre. Assises à la table, nous pouvions admirer le fleuve qui, ce matin-là, rugissait, tout comme ce qui remuait en moi. J'ai respiré un grand coup et je t'ai confié les émotions qui me bouleversaient depuis la veille. Le tourment qui m'assaillait à toujours me sentir responsable de toi, de ton bonheur. Je prenais la décision, là, maintenant, de ne plus faire aucune intervention ni remarque sur tes choix de vie.

Tu m'as écoutée gravement. Lorsque j'ai eu fini mon long monologue, que j'ai eu avoué être fautive de me mêler de ta vie, de surveiller tes faits et gestes — la veille encore, j'étais même allée jusqu'à vérifier ton paquet de cigarettes, pour voir si tu fumais encore de la marijuana —, j'ai éclaté en sanglots.

Tu m'as souri !

Ah ! Comme tu étais heureuse d'entendre ça ! L'adolescente en toi pourrait désormais vivre comme elle l'entendait, sans subir mes regards de désapprobation. Car c'était bien de cela qu'il s'agissait. Je m'étais toujours comportée en parent, dans le rôle de cette grande sœur protectrice, de bouée affectueuse, de gardienne. Ma déclaration te réjouissait.

Tu m'as pris la main et m'as rassurée, me disant que tout allait très bien et que je ne devais pas m'en faire à ton sujet. Mon regard noyé s'est attaché à ton beau visage déjà creusé par toutes sortes d'excès et j'ai murmuré : « Je suis inquiète pour toi. » Je savais que tu nous présentais une façade, que tu nous jouais la comédie de la fille au-dessus de tout. La fille du soleil avait perdu son éclat, sa beauté s'était assombrie. Tu trafiquais la réalité. En cette chaude matinée du mois d'août, ton corps, parfumé à la vanille, cette essence que tu aimais par-dessus tout, dégageait une odeur rance, celle d'un avenir qui te brûlerait jusqu'aux os.

D'un bond, tu t'es levée. Un rire gras et faux est sorti de ta gorge et tu as déclaré : « Tout va très bien ! » J'ai pris mon courage à deux mains et je t'ai demandé d'abréger ton séjour et de partir le lendemain. « J'ai besoin de silence et de temps pour digérer ce qui vient de se passer. »

D'un pas pressé, sans même te retourner, tu es entrée dans la maison. La porte entre nous venait de se fermer. Pour quelques années.

Tu as passé le reste de la matinée dans ta chambre. À lire sans doute. Tu aimais tant la lecture. Tu dévorais les livres. Dès l'adolescence, tu avais lu Camus, Sartre, Dostoïevski, alors que je n'avais réussi à me sentir interpellée que par Zola et Julien Green. Pas toi.

La lecture était une substance de choix pour satisfaire ta curiosité, mais aussi pour t'évader.

Mon roman *L'Enchantée,* que je t'avais dédicacé, tu m'as dit l'avoir lu d'une traite dès la parution. Tu l'avais aimé, mais le personnage de Flavie, avec sa folie mélancolique et son mutisme, t'avait laissée perplexe. Qu'elle soit la jumelle de Jeanne, la narratrice, te livrait déjà une clé pour saisir que je percevais, chez toi, les signes de la déroute qui allait suivre. Ma perception de ce qui se tramait en toi. Instinctivement, dix ans plus tôt, j'avais couché entre les lignes de ce roman des bribes de notre vie à venir.

Mystérieux chemins de l'écriture…

Depuis le matin, une tourtière cuit au four et son fumet de viande des bois se répand dans la maison. L'arôme du gâteau des anges au miel me rappelle maman. Tout en cuisinant, je fredonne comme le faisait ma mère. Flavie, que je n'ai pas entendue venir, joint sa voix à la mienne. Elle a un timbre si clair que je m'arrête de chanter, surprise, étonnée qu'elle connaisse cette chanson. Flavie se balance de gauche à droite, un sourire ensoleillant ses lèvres. Je ne l'ai jamais vue ainsi. Délivrée. Apaisée. Sa voix vibrante s'élève.

Le jour va venir où l'aigle partira.
La lune, la lune, te cherche.
Dis-moi si tu viendras ?

Elle tend ses bras vers moi et nous dansons au milieu du salon où j'ai dressé la table du festin. Flavie porte une longue robe turquoise cousue dans des paréos. Dans ses cheveux très longs et bouclés, un foulard de même motif, des poissons tracés d'un trait blanc se découpent en vagues dans le tissu d'un bleu méditerranéen. Elle a l'allure de ces femmes africaines qui portent leur race multicolore de manière souveraine. Ma sœur s'est transformée depuis qu'elle habite avec nous. Radieuse. Heureuse. Je lui remets le cadeau préparé à son intention.

— C'est pour toi. Philippe et papa devraient arriver sous peu, je vais me changer.

Elle retire de l'emballage les plumes de paon, les pique dans ses cheveux, défait le papier délicatement et ouvre la boîte. Elle scrute longuement la photo.

Quelque chose en elle dessine sa place, trouve sa route. La mémoire refait le chemin, fouille ses méandres. Comme c'est loin. Ses yeux observent les deux fillettes assises avec leur poupée. Son être regarde l'amour qui monte en elle. Quelque part elle reconnaît l'instant. Mais où, quand, comment, pourquoi ?

Du haut de l'escalier qui mène aux chambres, je l'observe. Elle lève les yeux vers moi.

— C'est nous deux, Flavie, quand nous avions cinq ans. On nous avait fêtées en même temps.

Je lui souris. Je n'en dirai pas plus. Pour l'instant. En ce moment pour Flavie, ce qui importe et rassure, c'est qu'elle ait trouvé une maison, une présence. Je reviens m'asseoir près d'elle.

Je la berce alors que le soleil rouge et flamboyant décline. Les lucioles danseront tout à l'heure autour de la maison. J'allumerai les bougies, une à une. Nous resterons enlacées ainsi, sans rien dire. C'est dans le silence et l'amour que nous comprenons ce qui nous a manqué, à l'une et l'autre, et que nous venons de retrouver, et cela bien au-delà de notre gémellité.

Flavie a retrouvé sa place auprès de moi et moi auprès d'elle.

Philippe et papa nous surprennent assises, endormies l'une contre l'autre devant le feu presque éteint, la maison illuminée de chandelles, la main de Flavie dans la mienne. Cinquante ans plus tard, nous voilà à faire ce geste que les enfants jumeaux font quand ils partagent le même berceau, le même carrosse. Au long de notre vie, nous n'avons pas connu toutes ces étapes de rapprochement, de jeux et aussi d'affranchissement de l'autre, de jalousie, de séparation. Nous avons connu l'absence. L'absence de quelque chose de non connu, un manque affectif qui a teinté notre vie, nos amours et nos jardins intérieurs[3].

---

3. *L'Enchantée*, Québec Amérique, 2001.

TON DÉPART

Cette fin de semaine, je devais être présente au Symposium d'art contemporain de Baie-Saint-Paul pour y donner une causerie littéraire. J'ai annulé pour rester auprès de toi, ma belle Pauline. Je n'ai eu aucune hésitation. Pourtant, il est si facile, pour les artistes, de se sentir coupable pour un retard ou une absence. Nous sommes des matelots qui n'abandonnent jamais le navire. Sans l'un d'entre nous, tout est à risque.

Une seule fois, dans mon parcours d'actrice, depuis quarante ans, j'ai annulé un tournage. Tu te souviens, Pauline, en 1980 la mort de papa ? Nous avions trente ans. Maman se trouvait dans un état psychologique précaire, à la suite des semaines éprouvantes de la maladie de notre père. J'avais fait le choix de rester à Chicoutimi, auprès de vous, et d'annuler ma journée de tournage. La mort d'un père n'arrive qu'une fois et, pour moi, il était capital d'en faire une priorité. Cette décision, je l'ai payée lourdement. Bien que nous ayons pu reprendre ces quelques scènes la semaine suivante en studio, ce geste retentira sur ma participation future et je ne ferai plus partie de la distribution pour la prochaine année. J'apprendrai alors que la vie nous met devant des choix et que toujours nous en sommes responsables.

Je n'ai jamais regretté d'être restée auprès de vous pour faire mes adieux à notre père. Jamais.

～

Lundi soir.

Catherine reprend sa place à ton chevet pour me laisser assister au lancement de la programmation du réseau TVA. Je n'ai aucunement le cœur à me présenter là, mais Jacques m'incite à répondre à cette invitation. J'accepte d'y aller une petite heure avant de revenir dans cette chambre feutrée qui m'appelle à me blottir près de toi. Au cocktail, je croise le producteur de la série dans laquelle tu jouais au moment où tu es tombée malade. Je le mets dans la confidence. Il m'accueille avec beaucoup de sollicitude, comme il l'a fait pour toi, quand tu as dû quitter la série, incapable de continuer à travailler. J'ai le tournis dans toute cette effervescence de début de saison télévisuelle et quand je pense à demain, alors que je rejoindrai le plateau du téléroman *Destinées*. À l'aube débutera ma première journée de tournage dans le rôle de… Pauline. Ironique, n'est-ce pas?

Je reviens à ta chambre pour déposer un dernier baiser et te laisser aux bons soins de ta meilleure amie.

Mon cellulaire sonne à vingt-deux heures. Tu viens de quitter ce monde.

Quinze minutes plus tard…

La chambre baigne dans une atmosphère surnaturelle. L'éclairage tamisé dessine, sur le profil de ton visage, des chemins marbrés de lumière. Catherine me prend dans ses bras comme une mère accueillant son enfant prodigue. C'est bien ainsi que je me sens, au moment de revenir vers toi, dans la pénombre de la mort qui vient de se glisser dans ton corps, libérant ton esprit que je sens flotter dans la chambre. Oui, je reviens d'un long exil et tu m'attends dans cette dimension où rien ne pourra plus désormais nous séparer.

Morte à présent, tu peux me laisser t'aimer.

Je pose ma tête sur ta poitrine. J'enfonce mon visage dans l'odeur de vanille qui s'est incrustée dans ta chair et je pleure ton départ. Je pleure notre libération. Nous voici à jamais réunies. J'écoute. Tout est calmé. La faim qui te tenaillait a cessé. J'entends nos rires d'hier, je respire nos étés passés au lac Clair, tous ces souvenirs à présent émanent de ta peau pacifiée. Mon regard remonte jusqu'à ton visage transfiguré. Tu souris, ma belle Pauline. Tu souris dans la félicité retrouvée.

Pauline, fille du soleil
Ton rire résonne encore des plaisirs que tu as vécus.
Tes larmes deviennent fleurs pour parfumer à jamais
Notre mémoire de toi.
Voici que s'ouvrent les bras de l'amour

Pour t'accueillir.
Repose en paix. Veille sur nous.

Voilà ce que je ferai inscrire sur ton signet funéraire.

DESTINÉES

Cinq heures du matin. Je m'éveille. J'ai peu dormi. La nuit peuplée des souvenirs de toi. Soixante ans de vie gémellaire qui viennent de prendre fin, ça remue… Étrange de me lever ce matin et de ressentir que je suis seule désormais. Je suis née en même temps que toi et tu n'es plus là ! Absence définitive, cette fois. Impression de vide. D'immense solitude. Physique. Tu n'es plus et le jour me surprend démunie, désemparée face à cette absence où je vais continuer à vivre sans toi. J'ai peur tout à coup. J'ai mal, surtout. Mal à toutes ces années où nous n'arrivions plus à nous reconnecter, à nous voir, à nous parler. À nous réconcilier.

Jacques me prend dans ses bras pour consoler mon âme épuisée.

Je dois me préparer. Je suis en tournage ce matin. Aide-moi, ma belle Pauline, à vivre cette journée, cette incarnation qui porte ton prénom.

Dès mon arrivée en studio, je mets au courant notre réalisateur ainsi que notre merveilleuse directrice de production et leur demande de rester discrets. Je ne veux pas, pour aujourd'hui, ébruiter la nouvelle de ton décès. Afin de travailler sans que tous soient remués, car plusieurs, sur ce plateau, t'ont bien connue et ont tourné avec toi. Cette demande sera respectée jusqu'au lendemain, où ton beau visage apparaît dans la presse écrite et sur tous les réseaux de télévision. Tu étais une comédienne aimée du public et les témoignages de sympathie afflueront pendant des jours.

Pour aujourd'hui, je me concentre sur ce nouveau rôle. Et le miracle de l'incarnation opère, d'autant plus qu'il porte ton nom. Le réalisateur ne cesse de m'appeler Pauline : « Alors, Pauline, vous entrez par ici… Pauline, placez-vous là… Pauline, pouvez-vous être un peu plus coquine dans cette réplique ? » Ça n'arrête pas ! Je deviens toi. En cette journée de deuil, c'est toi qui me portes ! Grâce à toi, je vis ce tournage allégée de toute tristesse. Tu m'élèves dans une dimension où j'ai le sentiment de flotter au-dessus de tout. De la mort elle-même.

La journée sera longue et se poursuit avec un autre rendez-vous professionnel, où je rejoins, cette fois, la production de la série *19-2* pour des essais CCM (costumes, coiffure et maquillage). Au réalisateur, avec qui je travaille pour la première fois, je confie le secret de cette journée si spéciale. Il me reçoit avec beaucoup de compassion. Je sens qu'il comprend ce que je traverse. J'apprendrai plus tard qu'il a une sœur jumelle. J'ai immédiatement ressenti une parenté entre lui et moi. Peut-être vient-elle de notre identité gémellaire. Qui sait ?

Ce jour-là, Pauline, tu m'as en quelque sorte passé le flambeau. Ces dernières années, celles de la cinquantaine, cap difficile pour une actrice, le travail à la télé avait passablement ralenti. Ce 31 août 2010 allait marquer mon retour au petit écran dans différents projets télévisuels. Le tournage de la série *Prozac* s'était terminé à l'hôpital spécialisé où tu avais été admise, la veille de ton transfert à l'urgence de l'hôpital Notre-Dame, et celui de *Destinées*

commençait au lendemain de ton décès. S'ajoute-
raient, au fil des années, plusieurs autres productions
télévisuelles et cinématographiques.

Oui, désormais, tu veillerais sur moi.

LA QUÊTE IMPOSSIBLE

De retour à la chambre, en milieu de soirée, une longue douche a lavé le personnage de Pauline, tout comme celui de Marie-Louise, la future barmaid de *19-2*. Après quinze heures de travail, les mains bienveillantes de Jacques ont soulagé ma trop grande fatigue physique et émotionnelle. Ah! Les mains de Jacques! Tu aimais tant recevoir l'un de ses massages... Je souris en écrivant cette phrase, car un massage, pour toi, n'était jamais assez. Tu en demandais un autre. Encore un peu plus... Ta peau assoiffée, jamais abreuvée. Ton corps esseulé depuis tant d'années, toi qui avais été une si grande amoureuse. Tu aimais trop sans doute. Démesurément. Pour être aimée en retour. Tango pernicieux où dansaient tes états d'âme du rêve au vertige. Du trop-plein au vide abyssal.

Ton dernier tango amoureux fut particulièrement éprouvant. À partir de lui, la chute a commencé. Ah! le bel aventurier dont tu t'étais amourachée! Une passion brûlante vous consumait tous deux. Pourtant, tu n'as pas réellement connu sa peau contre la tienne ni goûté sa virilité d'homme. Son être blessé l'empêchait de répondre à tes avances. Tu te morfondais et comblais ton manque de lui par ces herbes qui finiraient par t'ensorceler, tout comme lui. Cette herbe, que l'on croit inoffensive, embrume toutefois la réalité, désorganise le quotidien, sans parler de ses effets dépressifs à long terme. Tu en feras l'expérience.

Tu me confieras t'être retrouvée, tard la nuit, dans l'ombre d'une ruelle, à fumer un joint avec un employé d'un resto que tu fréquentais. Ce moment te hantera longtemps. Tu en avais honte. Que faisait là la fille du soleil dans la noirceur de sa vie? Que faisait là la comédienne connue à fumer en cachette en compagnie d'un inconnu? Tu commençais à douter de ton jugement et de la valeur de tes actes. Tu n'étais plus à l'âge où nous fumions des pétards ou expérimentions les drogues hallucinogènes qui furent nos rituels de passage à l'âge adulte quand, à la fin des années soixante, nous accédions ainsi à notre révolution intérieure. Maintenant, à plus de cinquante ans, de savoir que tu agissais comme une adolescente t'interpellait et te perturbait. Mais cette ivresse momentanée te permettait d'oublier ton mal de vivre, ton mal d'aimer. Tu répondais alors à l'appel fallacieux, sans plus te soucier des réveils brumeux où une autre inhalation trompeuse viendrait adoucir, tu croyais, tes remords, ta culpabilité et tes regrets.

Nous avons bien tenté, mes sœurs et moi de te dissuader de cette habitude qui ne favorisait pas ton équilibre psychique et semblait te projeter vers des abîmes insondables. Tu faisais semblant de nous recevoir, de nous écouter. À ton médecin tu promettais d'arrêter. D'autres jours, enfin, tu nous lâchais : « Laissez-moi donc tranquille ! J'ai cinquante ans ! » Tu avais raison, ma belle Pauline. Tu faisais tes choix et cela ne regardait que toi.

Mais…

Te sentir glisser nous charcutait le cœur. Nous étions impuissants à t'éviter l'écueil. Inéluctable, nous le pressentions.

Notre sœur, celle juste après nous, prendra le relais de ton sauvetage. Incapable de nous réconcilier, elle prend ma place à tes côtés. Durant ta maladie, qui s'étalera sur cinq ans, elle sera ta personne-ressource, ton chauffeur, ta confidente, ton accompagnatrice. Une perle. Un maillon important entre toi et moi, tissé à nous, entre nous. Heureusement. Merci, ma sœur. Merci d'avoir été là. Merci, Priscilla.

LA CÉRÉMONIE FUNÉRAIRE

Une cérémonie funéraire simple et chaleureuse, animée par Catherine, réunit la famille et les amis. Vêtue de l'une de tes robes, blanche pour l'occasion, ta merveilleuse amie invite ceux qui le désirent à prendre la parole. Tes camarades de l'École nationale de théâtre sont là, certains partenaires de télévision, des metteurs en scène, des producteurs, des auteurs venus témoigner de l'affection qu'ils te portent, te remercier de tout ce que tu leur as donné, tout au long de ta carrière de comédienne généreuse et attachante.

Des funérailles sont l'occasion de mesurer la délicatesse du cœur et le degré d'attachement au défunt ou à la famille. Tant de sincérité dans chacun des témoignages qui nous sont offerts. Nous voguons du rire aux larmes. Des anecdotes qui tracent le portrait d'une femme que tous ont aimé croiser, qui les a fait rire et les a attendris par sa franche spontanéité. J'assiste, muette, à cette présentation qui t'honore et je ne sais rien dire. Je reste pétrifiée, serrée contre ma petite nièce Flavie qui te ressemble comme un miroir, dans toute sa délicatesse, sa jeunesse et sa beauté. Soudain, d'un élan, elle se lève et s'avance pour prendre la parole, elle pourtant timide. Vibrante, émue, elle raconte lorsque tu les recevais à coucher elle, sa sœur Clara et ton autre nièce Lili. Combien tu les gâtais de joyeux plaisirs culinaires et de cinéma maison. Son fin visage de pietà révèle le chagrin qui remue en elle.

Suis-je portée par l'élan de ma nièce, de ma *pitchounette* adorée ? Je me lève à mon tour et livre un témoignage bref qui me surprend moi-même.

«Naître avec une autre et la voir quitter la vie avant moi me laisse dans un état très particulier...» C'est tout ce que je trouve à dire pour te faire mes adieux, Pauline.

Je frôle le vertige.

Plusieurs d'entre nous écrivent de petits mots que nous déposons dans une boîte. Ils seront lus et brûlés sur la grève du Rocher Blanc, à l'occasion de la cérémonie des cendres, l'été prochain, à Rimouski.

Le reste de la journée est un abîme.

LE CHEZ-NOUS DES ARTISTES

Le jour tant appréhendé me conduit aujourd'hui à ton appartement au Chez-nous des artistes. Je n'y ai jamais mis les pieds. Je ne suis jamais venue te visiter. On m'a raconté qu'au début tu y as été très heureuse, soulagée d'être à l'abri de l'insécurité financière dont tu souffrais depuis que tu avais cessé de travailler. Certains locataires étaient des amis bien avant que tu viennes les rejoindre. Tu t'es sentie accueillie et même une reine, tant ta réputation te précédait.

La famille est déjà là pour trier les choses de ta vie. Fébrile, je franchis la porte de l'inconnu. J'éclate en sanglots à la vue des meubles et des objets qui me parlent tant de toi et que j'ai déménagés à quelques reprises tout au long de ta vie. Ton parfum vanillé flotte, amalgamé à l'odeur de tabac tenace, dans cet espace encombré de cartons et de sacs de plastique remplis des vestiges de ton existence. Je me dirige vers la porte-fenêtre où la vue, du septième étage, donne sur le clocher d'une église au loin. Bref apaisement de constater que tu voyais loin au-dehors, alors que ton regard intérieur était obscurci. Notre frère me rejoint. J'apprends que, dans la dernière année, tu passais des heures à cette fenêtre à scruter la rue, persuadée qu'un homme dans une voiture, en bas, t'espionnait.

La mort te surveillait.

Les heures glissent sur mes regrets de n'avoir pu t'accompagner dans ce passage si éprouvant. Je me tourne vers les autres, affairés à emballer. À nouveau je suis pétrifiée. Immobile. Bonne à rien. Je veux mourir moi aussi. Pour te rejoindre. Me blottir dans tes bras et te supplier de me reprendre encore une fois. Ma belle Pauline, j'ai mal à ton absence.

Je m'engouffre dans la salle de bain et verrouille la porte. Dans le miroir, mes traits se transfigurent et tu m'apparais. Pauline! Tu me souris. Tu me rassures et tu me signifies que tout va bien. Même très bien. Là où tu es, plus rien ne te perturbe, plus aucune

dissonance. Ton regard me couvre d'une infinie douceur et le tumulte en moi s'apaise.

Tu m'invites à traverser le miroir pour te rejoindre.

LES MAISONS JUMELLES

Côte à côte, nous marchons sur le chemin qui mène à la pointe du Bic, là où les rochers dorment dans l'eau glacée du fleuve. Derrière nous, le village pittoresque et coloré s'estompe dans la brume du matin que nous foulons en silence. Arrivée à une fourche, je m'arrête.

«Regarde, Pauline, les deux maisons identiques. Je les connais depuis longtemps et j'ai souvent imaginé que nous venions terminer nos jours ici. Moi dans la bleue et toi dans la jaune, voisines l'une de l'autre, pour couler des jours paisibles à se visiter, à préparer des bouffes somptueuses, à marcher des heures sur la grève. Je nous vois, toi la fille du soleil ridée, encore si belle, et moi, ta tendre moitié, à soutenir tes ailes fatiguées. Viens, suis-moi.»

La maison bleue nous ouvre les bras. Y sont nichés tous les souvenirs de notre grand-mère. Des étagères de chapeaux garnis de voilette et de plumes. Il y en a des dizaines, de toutes les formes et aux couleurs variées. Bibis anciens confectionnés par grand-maman. Des rubans pendent aux abat-jour, des bocaux remplis de boutons multicolores, comme des bonbons, garnissent la table. Il règne en ce décor un parfum de douce mélancolie.

« Tiens, mets celui-ci. »

Tu me tends un chapeau garni de paillettes roses et tu choisis un chapeau de feutre noir, bordé de fine dentelle. Coiffées ainsi, nous ressemblons aux petites filles qui se déguisaient à même les vêtements que nous empruntions à notre mère pour jouer à la madame.

« Assieds-toi que je te maquille. »

Docile et heureuse, je te laisse toucher mon visage à la peau flétrie depuis que nous sommes toutes les deux à cet âge vénérable de quatre-vingt-deux ans. C'est d'ailleurs notre anniversaire aujourd'hui, le 12 mai 2032.

« Non ! Tu m'en mets trop, Pauline ! »

— Laisse-moi faire, je m'y connais, Louise! »

Tu me dessines un regard de reine égyptienne, comme cette fois où, à l'adolescence, j'avais été invitée par un cadet au bal des officiers. Tu m'avais trop maquillée, je ne me reconnaissais plus. Nous nous étions chicanées, je m'étais mise à pleurer, découragée. Tout fut à recommencer. Une soirée catastrophe, où mon charmant cavalier, après m'avoir embrassée, s'était endormi soûl dans mes bras.

Nous éclatons de rire à ce souvenir. Étrange : ce qui nous a tant mortifiées dans le passé nous procure, des années plus tard, des fous rires fabuleux ! J'imagine que l'orgueil cède ainsi la place à plus d'abandon et de légèreté.

Ta main parcheminée, bien que tremblante, est plus experte que celle de ta jeunesse et tu termines de me faire une beauté en déposant sur mes lèvres une touche vermeille.

Par enchantement, la lumière change. L'horizon de mer s'assombrit et tu m'entraînes dehors, pressant le pas.

« Dépêche-toi, Lou, il nous reste peu de temps. »

Tu viens de m'appeler du nom que tu me donnais à l'adolescence.

« Attends, attends, Paulo, tu marches trop vite !

— Ah ! Ça fait longtemps qu'on s'est appelées comme ça ! » me répliques-tu.

Un vent de réminiscence nous porte vers ta maison jaune où nous attend un spectacle qui nous laisse abasourdies.

Au salon, les hommes de ta vie sont réunis. L'un est assis au piano et joue un air que nous reconnaissons tout de suite, la chanson *Sainte-Rose-du-Nord*. Il l'a composée pour toi, en hommage à ce petit village sur les rives de la rivière Saguenay où nous allions pique-niquer en famille. Nous chantons à mesure que défilent, sur les murs du salon, quelques images des films dans lesquels nous avons joué, notamment *Le Bonheur de Pierre*, où j'avais comme partenaire notre camarade Rémy Girard, qui interprétait mon mari et que nous retrouvons soudain près de toi, cette fois dans les images de *La Florida*…

Tout ce cinéma m'accable soudain du poids des années. Assises sur le canapé, orphelines en voyage, nous assistons au défilé de notre passé.

Un autre musicien se présente pour nous offrir une flûte de champagne, puis prend place au clavier. Il enchaîne sur une chanson rigolote que nous entonnons en chœur alors que les hommes de ma vie rejoignent les tiens dans une sorte de chorégraphie impromptue et touchante. Nous les observons et, dans ce recul que nous confère notre âge avancé, nous constatons que nos compagnons respectifs avaient plusieurs points en commun. Des artistes, des marginaux, souvent des êtres blessés que nous avons maternés. Mon dernier amour se détache du groupe. Jacques a pris de l'âge. Il me tend la main et m'invite à le suivre dans la pièce d'à côté.

Un lit est placé au centre de la chambre, entouré de fleurs et de cierges. Tu es couchée dans les langes, Pauline, telle que je t'ai retrouvée ce matin du mois d'août, à l'urgence de l'hôpital.

Nous voici aux dernières heures de ta vie, Pauline… Pauline… Louise… Louise… Quelqu'un m'appelle?

～

Je sors de la salle de bain. Le visage gonflé de larmes. Jacques m'attire à lui et nous prenons place dans les bras de ton énorme sofa de velours où tu te blottissais, recluse, en compagnie de ton petit chien qui, depuis les dernières semaines, a trouvé refuge chez ton voisin de palier. Je pense à ces dernières années où tu ne voulais plus voir personne, où l'isolement était devenu ton royaume de reine attristée. Je n'arrive pas à me fouetter. Incapable d'efficacité, alors que tous s'affairent à trier, je reste là, à sangloter. Il faut pourtant vider l'appartement aujourd'hui.

LE TALISMAN

Quelqu'un se présente à la porte. L'une de tes voisines sollicite un souvenir de toi. Une écharpe de laine, assortie à l'un de tes manteaux, la comble de joie. Émue, elle embrasse notre sœur qui sanglote avec elle.

Puis, d'autres viennent rôder. Ces intrus qui veulent forcer notre deuil me sortent de ma torpeur et je leur claque la porte au nez. Laissez-nous le temps de rassembler les reliques de ta vie, bon Dieu! Ton maigre héritage est enfermé dans quelques caisses et une demi-douzaine de sacs. Nous mettons de côté tes robes de couleur. Elles seront envoyées à tes amies, à Rimouski.

Je prends peu de choses. Quelques bibelots, le buffet de famille, ton foulard rouge et noir que je porterai désormais pour consoler l'absence. La tête d'une femme moulée dans le plâtre est ce que je chérirai le plus. Elle représente tous les lieux où tu as vécu. Toujours à monter la garde de tes jours. Elle sera désormais le talisman qui protégera ma vie.

Les hommes de la famille orchestrent la finale de ce déménagement. La plupart des meubles et autres articles de maison seront pour un ami qui est à reconstruire sa vie, après une séparation difficile. Ma belle Pauline, ta générosité continue de se manifester, de passer au suivant.

Les pièces sont vides à présent. On me laisse seule. Je les traverse en chantonnant à mi-voix :

Mon enfant, ma sœur
Songe à la douceur
D'aller là-bas vivre ensemble
Aimer à loisir,
Aimer et mourir...

La grève du Rocher Blanc

Une apparition! Tu es là, Pauline, ta présence multipliée par une douzaine de tes amies, les « pleurines » comme tu les appelais, des femmes pleines de charme et d'humour avec lesquelles tu partageais tes séjours d'été, à Rimouski. Autour d'un bon repas, c'était l'occasion de célébrer la vie, de vous confier vos peines, de rire de vos travers et de vous épauler. De merveilleuses rencontres de filles dont tu étais l'étoile. Elles sont toutes là, aujourd'hui, vêtues chacune de l'une de tes robes. Elles forment l'arc-en-ciel de ta présence colorée sur cette grève du Rocher Blanc.

Nous déposons une partie de tes cendres sur ces galets où tu aimais venir t'asseoir pour y revivre les souvenirs heureux de ton enfance, de nos vacances sur les plages du Maine ou de la Gaspésie. Ici, tu trouvais un certain apaisement. Tu avais déjà confié à Catherine que tu caressais le rêve de venir la rejoindre pour vivre là-bas, dans la maison blanche au bout de la grève, dont la tour s'offrait, telle une proue, au vent salin. Tu disais être prête à tout quitter, ton métier de comédienne et tout le tralala de ta profession, pour venir travailler comme préposée auprès des personnes âgées. Ce désir de prendre soin des autres, n'était-ce pas une manière de prendre soin de toi, un appel à l'aide en quelque sorte? Donner aux autres ce que tu avais tant besoin de recevoir.

Tu échafaudais des plans d'avenir qui ne verraient pas le jour. Cette incapacité à vraiment tout remuer pour changer de vie est venue s'ajouter à ta désespérance amoureuse. Et comment survivre dans ce métier de comédienne qui ne te convenait plus? Cette dernière défaite, cette incapacité à concrétiser ce rêve fut l'amorce de ce qui allait suivre, te mener à la dépression.

En ce début d'été, un an après ton décès, ta présence cendrée se mouille dans le ressac des vagues qui roulent sur la grève. Tous réunis dans une même offrande, autour d'un feu, nous lisons quelques messages rédigés pour toi avant qu'ils ne se consument et montent en fumée te rejoindre, dans cette mystérieuse éternité qui nous console un peu de ta disparition précoce.

Laisse-moi te lire, à cette heure de communion avec toi, les deux lettres que je t'ai écrites il y a longtemps et que je ne t'ai jamais envoyées.

Eastman, 22 mars 2006

Bonjour Pauline,

Je pensais à toi ce matin comme je le fais souvent. Même si je ne me manifeste pas, je suis soucieuse de ce que tu traverses et cette lettre vient bien humblement te porter ma pensée et mes bons vœux.

Je te sais bien entourée par nos sœurs, en plus de quelques amis et intervenants professionnels. Je m'en réjouis. Il ne fait aucun doute pour moi que cette traversée sera, finalement, une source de métamorphose et de changement pour un mieux-être. Je le souhaite ardemment.

Je t'aime et ne désire qu'une seule chose : que tu trouves la paix d'esprit et le bonheur intérieur.

Je te suis reconnaissante pour ces derniers mois où nous avons repris la communication, tout en acceptant les nouvelles balises de notre relation. L'amour y a encore sa place. J'en suis très heureuse.

Pour ma part, je traverse également une période de changement qui s'inscrit dans la suite de ma démarche commencée il y a maintenant treize ans, après ma rupture amoureuse. Une démarche qui a pour but de rapatrier mon pouvoir. Dans tous les domaines de ma vie. En ce moment, c'est davantage sur le plan professionnel que se pose ma réflexion. Il faut croire que nous sommes, à cinquante-cinq ans, à l'âge des bilans. Jacques m'accompagne avec bienveillance dans cette traversée du désert, mais sa présence n'exclut en rien le travail que j'ai à faire sur le lâcher-prise et l'acceptation de cette nouvelle réalité : je n'ai pas de travail depuis un an, mis à part mes occupations d'écrivaine. Elles m'apportent par ailleurs de grandes joies. Tout comme toi, je m'interroge sur mon avenir. Comme plusieurs d'entre nous qui franchissons ce cap épineux de la cinquantaine. Je travaille à demeurer non pas dans l'attente vaine et stérile, mais je me tourne vers une ouverture d'esprit qui m'offre la perspective de vivre tous les possibles.

Voilà un peu de mes nouvelles.

Je te souhaite un printemps de... découvertes.

Chaque jour, lorsque je serai à la maison, j'allumerai à ton intention un petit lampion au pied de notre Jésus de Prague. Qu'il guide et accompagne ce voyage que tu entreprends.

Je t'embrasse. Affectueusement.

Ta sœur jumelle, Louise

∼

Eastman, 30 mars 2006

Bonjour ma belle Pauline,

Je t'écris des lettres que je ne t'envoie pas toujours.

Je suis soucieuse pourtant de ce que tu traverses et je souhaite vivement que ces jours de convalescence te procurent repos et réflexion bienfaisante.

Le printemps cette année est particulièrement favorable pour laisser monter la sève régénératrice. Ici, toute la nature en témoigne et me le communique. J'imagine que la vue magnifique que tu as sur le lac te procure également ce sentiment de renaissance. Les glaces se brisent et l'eau circule à nouveau.

Je te vois prendre un bain de jouvence.

Je t'imagine flotter dans cette mousse mauve en effervescence.

Une pause-santé pour renouveler ta beauté.

Je n'utiliserai pas la formule «prompt rétablissement», mais plutôt, te souhaiter de «prendre le temps» de sentir l'énergie se frayer un chemin, de l'oubli à la VIE!

Affectueusement, je t'aime

Ta sœur Louise et Jacques aussi.

~

Cette cérémonie t'a ramenée sur la grève du Rocher Blanc où tu espérais finir tes jours. La célébration s'achève sur le visionnement d'un montage préparé avec amour par tes « pleurines » qui nous font revivre ta présence joyeuse dans les derniers étés de ta vie.

~

Depuis que tu es partie, chaque jour j'allume un lampion, parfois deux, à ta mémoire et à la nôtre.

Amen.

LE TATOUAGE

Ma belle Pauline, un an que tu nous as quittés.

Pour boucler une boucle, je vais faire un petit séjour au Symposium d'art contemporain de Baie-Saint-Paul, là même où je me rendais le matin où j'ai fait demi-tour pour te rejoindre à ton chevet. (Un an. Déjà! Comme le temps passe.) J'y vais aussi par gratitude envers les organisateurs qui avaient compris et accepté mon désistement de dernière minute alors que je m'étais engagée à être porte-parole de leur événement estival.

Dans les rues de ce charmant village qui longe la rive nord du fleuve, l'atmosphère festive rassemble une pléiade de créateurs en arts visuels de partout dans le monde. Je fais la rencontre d'une artiste-tatoueure invitée à cette édition pour créer, sur le corps d'une dizaine de visiteurs, une œuvre de tatouage représentant des icônes inspirées de la déesse grecque Perséphone. Le travail d'Émilie Roby est passionnant. Talentueuse et allumée, elle est elle-même un portfolio impressionnant de son travail puisque son corps est tatoué de la tête aux pieds.

L'idée de me faire tatouer me taquine. Et si j'osais, je choisirais… le dessin d'un oiseau. C'est ce que j'ai écrit ce matin dans mes pages dominicales. Mais je repousse cet élan pour le moins saugrenu. Je n'ai jamais été tentée par ce phénomène devenu une mode, sans plus de réelle valeur symbolique. De toute manière, je n'ai plus l'âge de cette jeunesse qui carbure à cette initiation.

C'était sans prévoir que tu m'attendais, en ce dimanche matin, alors que je marche le long de la baie. Promenade méditative où ma pensée revisite cette dernière année. Toi pour toujours en allée et qui me laisse sans signes.

Sur les galets, je trouve une plume. Je la cueille comme si elle était ton aile…, un signe de toi peut-être ? Et je poursuis ma promenade, sans trop savoir où me conduiront mes pas. Arrivée à un trottoir de bois qui enjambe la dune, je vois venir deux dames âgées qui avancent à petits pas. À leur hauteur, je les salue et je m'arrête quelques instants pour causer avec elles. J'apprends qu'elles sont sœurs et viennent ici depuis des années pour passer quelques jours ensemble. Elles me sourient et l'harmonie tranquille qui émane d'elles me couvre d'une brise salvatrice.

Ma belle Pauline, j'ai tant rêvé de vieillir à tes côtés et voilà que ces vieilles dames en sont la démonstration tendre. Bouleversée par cette rencontre, je ne m'attarde pas trop devant ce tableau qu'elles m'offrent à voir et je leur dis que je vais poursuivre ma promenade… tiens, dans la petite forêt, là-bas, qui longe le littoral. Toutes deux, la main sur le cœur, me répondent à l'unisson :

« Ah ! Oui…, la forêt aux oiseaux ! »

Je m'éloigne, serrant dans ma poche la plume qui, indubitablement, me confirme ta présence.

À mon retour au Symposium, je remets la plume à l'artiste-tatoueure en lui racontant les grandes lignes de notre histoire et cette rencontre inspirante que je viens de faire. Cette plume constitue le symbole de ton envol et de notre libération. Je fais part à la jeune femme de cet élan matinal où j'ai imaginé me faire tatouer un oiseau. Juste là, près du poignet, à la naissance de mon bras droit. Elle me propose de garder la plume et d'y réfléchir…

Le lendemain, nous nous revoyons et elle commence à dessiner, non pas un oiseau, mais la plume. À mesure que s'inscrit sur ma peau ce tatouage, je vois soudain apparaître la forme d'un oiseau… qui s'élance !

Toi, dans cet envol éternel. Toi, à jamais présente dans ma chair.

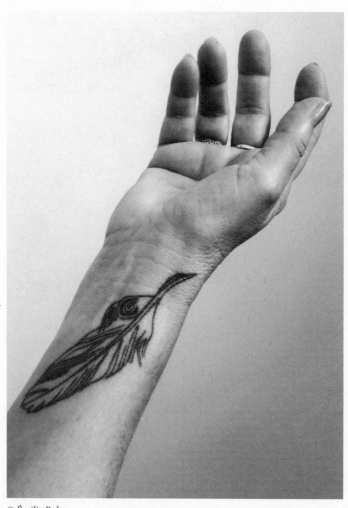

© Émilie Roby

LES SŒURS DU CAP

Le temps du deuil avance. Lentement.

Avant ton décès, Pauline, j'avais commencé la rédaction du dernier tome de ma trilogie gaspésienne, le roman *Les Sœurs du Cap*. À la suite de ton départ, mes deux héroïnes, non pas sœurs de sang, mais sœurs d'itinérance, ont mystérieusement emprunté certains de nos traits de caractère. Marie-Fièvre, la plus âgée des adolescentes, fonceuse, volontaire, écrit des chansons. Elle me ressemble. Je lui ai prêté quelques-unes de mes chansons inédites; éclairs de poésie urbaine pour qu'elle ne sombre pas dans sa quête éprouvante, celle de retrouver ce père qu'elle n'a pas connu. À l'inverse, Marée-Douce, plus jeune et plus vulnérable, je l'ai dépeinte en suivant les contours de ta grande fragilité qui, bientôt, la conduira dans des écueils surprenants entre les mains et les fausses promesses d'un gourou manipulateur. Au final, c'est Marie-Fièvre qui la sauvera…

Ma belle Pauline, ce n'est que ce matin, en te racontant cela, que je réalise pleinement la portée de cette trilogie écrite sur dix ans. Dans le premier tome, j'ai donné des jumelles à mon personnage de Murielle. Symphonie, morte à la naissance, et Mélodie, qui se suicide à seize ans. Toute sa vie, Murielle tentera de faire la paix avec ce passé familial tourmenté. Lorsqu'elle accueille chez elle les deux itinérantes en cavale, le long de la côte gaspésienne, c'est pour elle une chance de se racheter. Marie-Fièvre, dite la grande, et Marée-Douce, dite la petite, sont la représentation de ses jumelles en allées.

Une fois encore, au cœur de ce récit, j'ai voulu te sauver. Comme si, dans les deux premières années de ton départ, Marée-Douce s'était collée à ma plume…, ma plume…, pour témoigner et réparer notre relation abîmée.

À présent qu'elles se sont retrouvées, les sœurs du Cap ne se lâchent plus. Les voici affalées sur la banquette d'un poids lourd. La petite, le visage enfoui dans l'odeur rassurante de la grande, sommeille un peu tandis que sa sœur veille. Sur le chemin qui file vers le Cap, Marie-Fièvre refait en pensée le voyage depuis leur fugue du centre, le printemps dernier. Presque sept mois et déjà novembre. Elle se demande quand et où elles finiront par accoster. Sa main caresse l'épaule de la petite. Les papillons mauve et bleu tatoués dans la chair frissonnent. Il est plus que temps que la cavale s'arrête. Son regard se mouille...

La route du fleuve ouvre ses bras[4].

---

4. *Les Sœurs du Cap,* Hurtubise, 2013.

LA RÉCONCILIATION DES CŒURS

Nos défunts se manifestent souvent de mystérieuse façon.

Cette semaine, au cours d'un colloque des Coopératives funéraires, j'ai donné une conférence sur le deuil. J'ai lu quelques lettres tirées de mon livre *Les Mots de mon père*[5] où Marcel aborde le sujet de la mort. J'ai aussi parlé de ton départ, Pauline, et j'ai communiqué un petit extrait de ce que je suis à écrire en ce moment. Fait exceptionnel, car, habituellement, je suis très discrète sur mon processus et mes projets d'écriture. Pourquoi cette fois-ci ai-je passé outre à ma réserve?

Après ma présentation, je me suis sentie envahie de lumière. La présence de votre amour, à toi et papa, était palpable. Une femme est venue vers

---

5. *Les Mots de mon père*, Hurtubise, 2005.

moi : « Merci, merci, vous entendre m'a beaucoup aidée… » L'émotion étranglait sa voix qui cherchait ses mots… Je comprenais. J'ai caressé son visage. Je savais qu'à travers mes mots, notre histoire, elle venait de se réconcilier avec une partie de son passé.

Il n'est jamais trop tard pour la réconciliation des cœurs et cela se fait d'abord en nous. J'ai vécu ma réconciliation avec toi bien avant que tu ne meures, ma belle Pauline. Malgré cette distance entre nous.

Il nous était plus facile de nous aimer de loin.

RENCONTRE AVEC ROMANCE

Ce matin, je dépose ta photo sur mon cœur, comme je le fais parfois avant de commencer à écrire. J'appelle ta guidance. Comme une prière. Te savoir dans l'au-delà me rassure. Dans l'eau d'ici, tumultueuse, tu avais peine à naviguer.

Laisse-moi te faire partager une rencontre assez inusitée.

Il y a quelque temps, peu avant la date de notre anniversaire, j'ai donné une entrevue pour le magazine *L'Itinéraire* sur le sujet de mon dernier roman dont je t'ai parlé et qui met en scène deux jeunes filles en itinérance. Assise au café, j'attendais le journaliste quand une jeune femme, que j'appellerai Romance, a demandé à me parler. Fébrile, elle s'est assise devant moi. Elle parlait avec un léger accent étranger. Tu dois maintenant te douter de qui il s'agit. Oui, Pauline, c'était la Romance qui partageait ta chambre dans cet établissement où tu étais hospitalisée dans les dernières semaines. Elle tenait à me raconter que c'était avec beaucoup de bonheur qu'elle avait pris soin de toi, mais, me confia-t-elle, le regard assombri, la direction avait vu d'un mauvais œil cet accompagnement et elle avait été transférée dans une autre chambre. Elle n'avait plus eu de nouvelles de toi, jusqu'à l'annonce de ta mort, quelques jours plus tard.

Romance pleurait à chaudes larmes en me disant combien elle t'avait aimée. Elle me parlait de ton humour, mais aussi de cette confusion qui s'était emparée de toi. De tes crises pour essayer d'ouvrir les rideaux… J'ai tendu mes mains vers les siennes et je l'ai rassurée. Aux derniers jours de ta vie, tu avais goûté à une accalmie de tes angoisses et tu avais été bien entourée par toute ta famille. Tous, y compris moi. Romance, les yeux brillants m'a dit : « Oui, Pauline vous aimait beaucoup. » Toutes deux avons fait silence pour immortaliser ce moment qui venait, une fois de plus, déposer un baume sur ton absence.

Je continue, depuis, à nourrir ta présence par les rituels, l'écriture et la méditation. Toi, Pauline, tu continues de te manifester à travers des rencontres synchroniques comme pour me rassurer sur ce chemin de deuil et de réconciliation.

LE JOURNAL DE 1964

L'an dernier, quelques jours avant Noël, j'ai reçu un coup de téléphone d'une femme que je ne connaissais pas. Elle était allée au cégep avec toi et avait en sa possession ton journal intime daté de 1964. Tu le lui avais fait lire, tu te rappelles, et tu ne l'as jamais repris. Te rends-tu compte que cette amie l'a gardé toutes ces années? Elle m'offrait de me le restituer. Incroyable cadeau de la vie, moi qui suis à t'écrire chaque jour à travers la rédaction de ce récit!

Ton cahier gris marbré, à la tranche rouge, renferme les émois et les chagrins de ton adolescence. J'ai été bouleversée de lire ces cent quatre pages rédigées d'une écriture serrée, lisible et sans bavure. Tu écrivais bien, Pauline, tu articulais avec sensibilité les écueils de ta jeune vie. Mon premier cahier date aussi de cette même année où nous étions pensionnaires au couvent des Ursulines de Québec. Tes pages révèlent beaucoup plus que les miennes. Curieux que tu n'aies pas poursuivi tes écritures, alors que moi, j'ai tant écrit depuis.

Je me rappelle que tu m'as dit un jour avoir déchiré ce que tu écrivais. Trop sombre, me confias-tu, trop sombre… Étonnant que ce cahier-ci soit demeuré intact après toutes ces années.

La première page est datée du 1er avril. Tu as treize ans et tu écris :

Commencer un journal qui sera notre meilleur copain est assez difficile…

Aussi, c'est pourquoi je vais commencer tout de suite par te trouver un joli nom qui me sera sympathique. Je te baptise Dominic. Tu seras mon ami et ma consolation dans mon malheur. Tu seras ma joie aussi et mon compagnon dans mes amours…

Je comprends que tu lui as donné ce nom en l'honneur de notre petit frère et je trouve cela tellement touchant. Je renoue aussi avec certains souvenirs.

Je ne me rappelais pas que grand-maman Appoline était décédée le 11 mai, la veille de notre douzième anniversaire. Je n'avais gardé en mémoire que le choc de cette perte qui m'avait fait frôler le vide pour la première fois. Mais ce qui est le plus éloquent, ce sont tous ces passages où tu relates ton attente amoureuse, les gestes et les paroles d'un premier amour d'adolescente qui vient te chavirer et te fait transcrire ces paroles de Claude Léveillée : « Je viendrai mourir près d'une fenêtre qui ne brûlera plus du feu de ton nom ! Je viendrai mourir où tu m'as dit "Non" ! Quand je rêvais tant d'entendre "peut-être" ! » Tu ajoutes : « Je tremble tout le temps et mes yeux sont creusés par la frayeur… » Et tu allais même jusqu'à croire que ce garçon me préférait à toi. Tu faisais des rêves troublants que tu racontes en détail dans ce petit cahier plein d'infortunes et de minces joies. Tu souffrais déjà par ton âme fragile et trop sensible.

Je ne te lirai pas ces pages. Tu ne les connais que trop bien. Elles sont demeurées ton secret, jusqu'à ce qu'un mystérieux destin m'octroie le privilège de les partager avec toi. Je remercie celle qui m'en a fait le cadeau.

Je relirai ce cahier en déposant ma tendresse chaque fois que tes mots nommeront l'affolement de ton cœur.

La Florida

Hier soir, j'ai visionné *La Florida,* le film dans lequel tu as tourné en 1993. Le réalisateur n'aurait pu choisir meilleure interprète pour incarner la belle Ginette. Bien que cette comédie ait un peu vieilli, tu y brilles par ta beauté sensuelle et ta grande émotivité. Tu y revivais certainement l'écho de tes propres bouleversements amoureux, tes rêves inassouvis comme ceux du personnage que tu incarnais. Nous, actrices, savons bien que, quand Ginette pleure, c'est Pauline qui lui prête ses larmes.

Au moment où tu commences ce tournage, nous sommes en froid depuis quelques années. Mais je vais rencontrer Jacques et c'est grâce à ce nouvel amour dans ma vie que la réconciliation, à nouveau, sera possible. Tu habites la banlieue dans une maison avec jardin et piscine. Tu te souviens combien tu y étais heureuse? Elle te rappelait la maison de ton enfance. Cet été-là, nous t'aiderons à t'y installer avec l'homme qui partage ta vie et nous nous fréquenterons souvent en ces années de complicité retrouvée. Tu aimes beaucoup celui qui deviendra mon mari et chaque début de saison estivale nous ramène chez toi, pour ouvrir la piscine et nettoyer le jardin, avant que tu ne commences à jouer dans les théâtres d'été. Tu interpréteras souvent des comédies légères où tu excelles dans les rôles de mères drôles et coquines, toujours sensuelles et qui laissent entrevoir cette faim insatiable du plaisir. À l'occasion, tu éprouves du désir pour tes partenaires, mais personne ne te fera autant d'effet que cet acteur canadien, Michael Sarrazin, qui incarne ton beau Roméo Laflamme dans *La Florida*. Tu me raconteras combien il t'a fait perdre la tête. Pendant des mois, après le tournage, tu revivras par la mémoire les scènes brûlantes tournées avec lui. Cette rencontre t'avait littéralement ensorcelée. En revoyant le film, hier, je mesurais l'intensité de ton jeu, où ton être est porté par ce désir fulgurant, de ton regard langoureux à ton sourire enjôleur qui s'offre enfin dans ce rire gorgé de plaisir.

À te revoir si vivante alors qu'à présent tu es cendre, livrée aux vents du large et bientôt déposée en ta terre natale du Saguenay, je me demandais hier, au moment d'aller dormir, si tu avais rempli ta mission de vie, Pauline. Je crois que oui, même si certains de tes choix l'ont abrégée. Tu possédais le talent de faire rire, d'émouvoir et, pendant plus de trente-cinq ans, tu as travaillé sans relâche pour mettre à contribution ce don remarquable au profit de nombreux personnages. Tu as été généreuse de ton temps, de ta vie. Tu as maintenu le cap tant que tu as pu.

Nous te disons merci pour tout ce que tu as accompli.

TES ARCHIVES

Regarde, ma belle Pauline. J'ai finalement récupéré tes boîtes d'archives entreposées, depuis ton décès, chez Geneviève, notre sœur cadette. Deux bacs en plastique gris. Maigres reliques pour témoigner de ta longue carrière et de tes soixante ans de vie. Je ne sais pas encore ce qu'il y a à l'intérieur. Quotidiennement, je passe près d'eux et je ne me décide pas à les ouvrir. Fouiller, revisiter ta vie en photos ou par ta correspondance me laisse, pour le moment, incertaine. Comme si je préférais ne me souvenir de toi qu'à travers ma mémoire qui a tendance à sélectionner les moments heureux pour laisser de côté les zones d'ombre qui ont jalonné tes heures et les nôtres.

J'ai tout de même retrouvé une photo de toi tout à fait particulière, dans l'album que je t'avais préparé

pour tes cinquante ans, un cadeau qui t'avait fait tant plaisir, car il témoignait de notre lien gémellaire bien tangible. Sur chacun des clichés, nous sommes toujours ensemble : à New York où nous avons vécu, à notre première communion. J'étais ta jumelle, ton double, la présence fidèle à tes côtés. Et malgré les drames et les tempêtes, je suis demeurée ta Lou raisonnable, celle qui comprenait et accueillait tes humeurs changeantes.

J'ai aussi mis la main sur cette photo qui te montre avec un plat de bonbons entre les mains et des bonbons en papillote dans les cheveux.

Tu y as le même air espiègle que tu offrais dans tes moments de séduction où tu nous envoyais des répliques empruntées à la légendaire Mae West. Tu l'avais d'ailleurs incarnée avec brio, les cheveux teints en blond platine, le corps bien moulé dans des toilettes dignes des productions hollywoodiennes. Sur ce cliché, avec cet air coquin, tu sembles nous dire : « Viens mon p'tit cœur, sois mon bonbon, ma friandise, viens que je te croque. »

Ta réplique pourrait même se faire plus audacieuse, plus grivoise, car tu en étais bien capable. Cette façon d'être était ta marque de commerce et faisait la joie de ceux qui te côtoyaient au travail. Combien de fois, depuis que tu nous as quittés, m'a-t-on fait l'éloge de ta présence joyeuse! Sans nul doute, ta place demeure dans le cœur du public. Nombreuses sont les femmes qui se sont identifiées à toi.

Tu resteras toujours l'incarnation des plaisirs de la vie. Pourtant, un soir, la solitude t'a kidnappée et ne t'a plus relâchée...

Pauline incarne Mae West dans le spectacle musical *Le Phénomène M.*, en 1987.
© *Droits réservés*

VIEILLIR SEULE

Tu appréhendais les années à venir sans personne avec qui parcourir ce chemin qui mène inexorablement vers la vieillesse. Chez plusieurs femmes de notre génération, tu étais témoin de ce terrible constat : devenir, avec l'âge, invisible ! Comme si, à partir de la mi-trentaine, la séduction commençait son déclin pour s'effacer à la cinquantaine. Déplorable réalité qui raye, dans la majorité des magazines, au cinéma et même à la télévision, la présence de femmes matures. Et un jour, tu en avais eu marre de jouer certains rôles perpétuant le stéréotype de la femme jalouse et perturbée. Surtout ne plus jouer la « ronde » de service !

Malgré ce rendez-vous inévitable avec l'âge, nous n'avons pas tout à fait compris ce qui habitait ton esprit quand tu as cru que tu n'étais plus désirable.

© *Marco Weber/TVA PUBLICATIONS*

Tu étais convaincue que ton embonpoint avait avalé toute trace de beauté chez toi. Que tu étais à mettre au rancart. Pourtant, les jours où tu étais en forme, où tu revêtais tes splendides robes aux couleurs chatoyantes, tes cheveux comme une auréole rousse, maquillée, couverte de bijoux et animée de ton humour coquin, tu aurais pu en séduire plusieurs.

Tu avais plutôt choisi d'abdiquer. Quand soi-même on se dénigre, on impose aux autres la vision que l'on a de soi. Qui peut alors nous voir autrement?

Pourtant, comme tu étais belle!

~

Pauline, l'hiver arrive à pas feutrés. Noël s'allume partout et je nous revois dans nos pyjamas neufs que maman nous offrait chaque veille de Noël pour nous convaincre d'aller dormir un peu avant la messe de minuit et le réveillon.

Te souviens-tu des boîtes de victuailles que papa nous faisait préparer et que nous allions distribuer aux familles plus démunies? Il voulait que nous prenions conscience

que tous n'avaient pas droit aux mêmes privilèges que nous. Ne rien tenir pour acquis. Nous devions être reconnaissantes et donner aux moins fortunés. Papa avait vécu une enfance modeste à la ferme paternelle et ne s'est jamais enorgueilli de sa réussite professionnelle et sociale. Il soulignait toujours qu'il avait eu la chance de faire des études et que cela avait changé le cours de sa vie.

Maman cuisinait toutes sortes de pâtisseries et nous fabriquions des cartes de souhaits pour accompagner nos boîtes de Noël.

Tu as conservé cette générosité du cœur et combien de fois, en cette période de fêtes de fin d'année, es-tu allée offrir des heures de présence à certains organismes : servir les repas à la Maison du Père ou faire de l'écoute à Tel-Aide. Tu savais écouter la misère de l'autre, l'accueillir avec compassion, sensible aux écueils des souffrants qui faisaient écho à ta propre histoire intérieure.

En contrepartie, tu t'es peut-être un peu noyée, un peu perdue chez les autres. Et moi aussi. Toutes les deux, nous aurons souffert de ce que l'on nomme aujourd'hui la dépendance affective. Comme plusieurs femmes de notre génération. Héritage d'une éducation familiale où l'essence et le devoir de la femme étaient de prendre soin de leurs enfants et de leurs amours. Je comprends mieux aujourd'hui qu'il s'agissait d'un moyen de survivance. Sous le couvert du don de soi et de l'abnégation, les femmes se sont approprié un contrôle sur leur vie, de manière à calmer leur anxiété et faire main basse sur leur environnement. Elles se sont donné la mission d'être des femmes parfaites et efficaces au foyer, comme au travail, pour se permettre d'accéder à la liberté sans trop se sentir coupables. Dans leur sillage, nous avons pris sur nos épaules, encore et encore, la grande mutation des rôles et la transformation des relations amoureuses. Nous sommes devenues des sauveuses pour remplacer nos mères, ces saintes femmes...

Priez pour elles. Amen!

Tu te souviens, Pauline, combien tu rentrais épuisée du travail? Tu ne te contentais pas de jouer ton rôle, tu t'immisçais dans la vie des uns et des autres, recevant les confidences, essayant de régler leurs problèmes, te démenant sans répit pour aider et être aimée en retour.

Je réfléchis à cela puisque j'ai aussi ce trait de caractère. Nous n'avons pas été mères, mais nous avons endossé ce rôle pour materner nos amis et nos amours, car plusieurs avaient de grands manques affectifs et nous, un grand besoin d'être approuvées. Précaire équation, car nous recevons rarement ce qui pourrait combler nos attentes. Nous aurions eu avantage à interroger nos motivations profondes à faire preuve d'autant de générosité.

Tout comme moi, je t'ai vu ouvrir ton cœur, ta maison et parfois même ta bourse. Toi, l'argent *cash,* tu aimais ça! Tu te baladais avec des billets de cinquante et de cent dollars dans ton porte-monnaie. Et tu avais une manière toute particulière de manipuler les billets bruns, verts ou orange tel un croupier à sa table de jeu. Plaisir et dextérité à les compter. Ainsi, tu te sentais riche et autorisée à dépenser, ce que tu aimais par-dessus tout.

Le jour vint où il fallut faire les comptes. La banque avait sauté! Tu nous as appelés pour nous confier: «Rien ne va plus!»

Nous sommes venus.

Je me suis enfin décidée, hier, à ouvrir tes boîtes d'archives et je trouve une lettre qui date de 1977, alors que j'étais en voyage au Guatemala.

Et il y en a beaucoup d'autres. Une correspondance volumineuse. Je découvre notamment que, alors que nous étions pensionnaires, tu entretenais une liaison épistolaire avec le grand amour de ta jeunesse, celui-là même dont tu parles à chaque page dans le journal intime de ton adolescence. Les lettres de ce jeune homme, tu les avais enfouies, au nid de ta mémoire, dans un sac en plastique. Je ne les ai pas lues. Tu les as rangées à part et il en restera ainsi.

Tout comme moi, tu as reçu de nombreuses lettres de papa, dont certaines nous étaient adressées à toutes les deux. J'en ai lu quelques-unes et, parfois, papa te gronde d'accorder trop de temps à ta correspondance, au détriment de tes études. Mais il faut savoir que notre père a été pour nous un modèle exceptionnel sur ce plan… Dans ses longues missives, papa t'offre de belles leçons de vie et d'humanité. Et tu as, toi aussi, reçu une magnifique lettre garnie de collages, semblable à celle que papa m'avait envoyée et que j'ai reproduite dans mon ouvrage *Les Mots de mon père*. La mienne est datée du 10 mars 1965, la tienne, du 25 mars. À quinze jours d'intervalle, papa nous écrivait pour nous enseigner comment aborder notre jeunesse et la vie adulte qui s'annonçait émouvante pour ses chères petites, comme il nous appelait affectueusement.

Chicoutimi, le 25 mars 1965

Ma chère Pauline,

Mes yeux se sont ouverts avec la prime
aurore; une aurore de printemps qui versait
dans la chambre un grand rayon de soleil entre les
persiennes. En m'éveillant, j'ai pensé à ma Pauline.
Alors, je me suis levé pour venir t'écrire cette
lettre.

La fête des saisons

Avant de me rendre au bureau, je suis parti
faire un tour dans la campagne, pour me laver
l'âme au contact de la nature.

J'ai trouvé les champs en fête. Une fête du
printemps qui s'éveille sous la lumière d'une aurore
encore pâle mais puissante déjà. Il y avait dans
les champs, les bois et les ravins tant de paix,
de joie et de pureté que je me suis senti tout
heureux, comme dans l'exaltation d'un bonheur que Dieu m'offrait ce matin; un
bonheur inattendu, sur lequel je n'avais
rien escompté pour commencer cet autre
jour de mon existence.

Chose curieuse et heureuse à la fois,
par la fraîcheur qu'elle m'a laissée, la
nature m'est apparue ce matin, comme
je la voyais dans mes années d'enfance.

Chicoutimi, le 25 mars 1965

Ma chère Pauline.

Mes yeux se sont ouverts avec la prime aurore ; une aurore de printemps qui envoyait dans la chambre un grand rayon de soleil entre les persiennes. En m'éveillant, j'ai pensé à ma Pauline. Alors je me suis levé pour venir t'écrire cette lettre.

La fête des saisons

Avant de me rendre au bureau, je suis parti faire un tour dans la campagne pour me laver l'âme en contact avec la nature.

J'ai trouvé les champs en fête. Une fête du printemps qui s'éveille dans la lumière d'une aurore encore pâle mais radieuse déjà. Il y avait dans les champs, les bois et les ravins tant de paix, de joie et de pureté que je me suis senti tout heureux, comme dans l'exaltation d'un bonheur que Dieu m'offrait ce matin ; un bonheur inattendu, sur lequel je n'avais rien escompté pour commencer cet autre jour de mon existence.

Chose curieuse et heureuse à la fois, par la fraîcheur qu'elle m'a laissée, la nature m'est apparue ce matin, comme je la voyais dans mes années d'enfance.

Mes yeux avaient la transparence cristalline de ma jeunesse et je voyais la nature dans toute sa beauté, dans toute sa fraîcheur et sa pureté primitive.

Je la sentais vivre et me parler, comme je l'avais ressenti autrefois alors que mon âme n'avait pas encore connu le malheur et le péché. Elle me grisait, elle me rajeunissait et me rendait heureux.

Je me suis rappelé alors les mots alourdis de douleur du pauvre malheureux qui ces jours derniers est venu s'écraser devant moi; le front penché, les épaules alourdies d'un immense malheur.

« Je n'ai le goût pour rien, me disait-il, je m'en vais errer dans la campagne, je ne vois rien, je n'éprouve rien. Je suis désespéré. »

Ce pauvre homme avait connu les affres d'un grand malheur, un grand amour navrant, illicite, auquel il s'était attaché pendant des années et dont il essayait de se libérer.

Je me suis penché sur sa souffrance. Je l'ai invité au bonheur en lui conseillant d'abandonner cet amour coupable qui désormais ne pouvait que fixer les yeux

Mes yeux avaient la transparence cristalline de ma jeunesse et je voyais la nature dans toute sa beauté, dans toute sa fraîcheur et sa pureté primitives.

Je le sentais vivre et me parler, comme je l'avais ressenti autrefois alors que mon âme n'avait pas encore connu le malheur et le péché. Elle me grisait, elle me rajeunissait et me rendait heureux.

Je me suis rappelé alors les mots alourdis de douleur du pauvre malheureux qui ces jours derniers, est venu s'écraser devant moi, le front penché, les épaules alourdies d'un immense malheur.

"Je n'ai de goût pour rien, me disait-il; je m'en vais errer dans la campagne, je ne vois rien, je n'épanouis rien. Je suis désespéré."

Ce pauvre homme avait connu les affres d'un grand malheur, un grand amour naissant, illicite auquel il s'était attaché pendant des années et dont il essayait de se libérer.

Je me suis penché sur sa souffrance. Je l'ai invité au bonheur en lui conseillant d'abandonner cet amour coupable qui désormais ne pouvait que fair les yeux de son âme, continuellement sur les laideurs de son intérieur.

Ayant été capable de poser l'acte de volonté qui s'imposait, il est revenu me voir. Il avait le regard haut et clair et l'âme en paix.

"Je suis retourné dans la campagne, me confiait-il. Et et toute la nature était redevenue très belle.

de son âme continuellement sur les laideurs de son intérieur.

Ayant été capable de poser l'acte de volonté qui s'imposait, il est revenu me voir. Il avait le regard haut et clair et l'âme en paix.

« Je suis retourné dans la campagne, me confiait-il et toute la nature était redevenue très belle. »

Libéré désormais, cet homme marchait allègrement dans la vie, laissant derrière lui l'homme de misère qu'il avait été.

Je te raconte tout cela, pour t'inviter à profiter de tes années de ta jeunesse et pour que tu gardes toute ta vie cette limpidité d'âme et cette pureté du cœur qui ouvriront tes yeux toute ta vie aux grandioses beautés de la nature.

Femmes d'aujourd'hui

Je serais malheureux et je craindrais pour ton avenir, si tu te laissais accaparer par un tas de choses futiles et même nuisibles.

Libéré désormais, cet homme marchait allègrement dans la vie, laissant derrière lui l'homme de misère qu'il avait été.

Je te raconte tout cela, pour t'inviter à
profiter des années de ta jeunesse et pour que
tu gardes toute ta vie cette limpidité d'âme et
cette pureté de cœur qui ouvriront tes yeux toute
ta vie aux grandioses beautés de la nature.

<u>Femmes d'aujourd'hui</u>

Je serais malheureux
et je m'inquiéterais pour ton
avenir, si tu te laissais
accaparer par un tas de
choses futiles et même
nuisibles.

Je suis un peu inquiet, depuis que j'ai reçu
ton dernier bulletin. Il n'était pas tellement bon.
Je me suis demandé si tu faisais bien tout ton
possible. Tu as peut-être plus de facilité que Louise
mais, par contre, tu te donnes moins de peine, tu
fais moins d'effort.

Intentionnellement, je t'ai collé cette image
d'une "fille d'aujourd'hui", qui se prépare à être
"une femme d'aujourd'hui". Ce n'est pas dans
les correspondances légères ou sur les "coussins"
de salon que cette préparation s'effectue à ton âge, mais

Je suis un peu inquiet, depuis que j'ai reçu ton dernier bulletin. Il n'était pas tellement bon. Je me suis demandé si tu faisais bien tout ton possible. Tu as peut-être plus de facilité que Louise, mais, par contre, tu te donnes moins de peine, tu fais moins d'effort.

Intentionnellement, je t'ai collé cette image d'une « fille d'aujourd'hui », qui se prépare à être « une femme d'aujourd'hui ». Ce n'est pas dans les correspondances légères ou sur les « coussins » de salon que cette préparation s'effectue à ton âge, mais dans les livres. Il faut que toutes tes énergies soient actuellement réservées à cette préparation.

Tu m'avais fait des promesses formelles de réduire ta correspondance et de te donner à tes études de toutes tes forces et avec beaucoup d'application. J'espère que tu tiens ta promesse.

Pendant que tu prépares ainsi ton avenir, songe qu'il y a quelque part dans le monde un « beau beatle » qui lui aussi prépare sa vie et qu'il t'est peut-être destiné.

Je ne sais pas son nom; tu ne le connais pas toi non plus, mais il s'efforce de se rendre digne de celle que le destin lui garde.

4

dans les livres. Il faut que toutes tes énergies soient
actuellement pisulaiss à cette préparation.

Tu m'avais fait des promesses formelles de
piéuier ta correspondance et de te donner à tes
études de toutes tes forces et avec beaucoup d'application. J'espère que tu tiens ta promesse.

Pendant que tu prépares ainsi ton a-
venir, songes qu'il y a quelque part dans
le monde, un "beau bialle" qui
lui aussi prépare sa vie et
qui s'il t'est peut être destiné.

Je ne sais pas son nom;
tu ne le connais pas toi non
plus, mais il s'efforce de se
rendre digne de celle que
le destin lui garde.

Tu dois, toi même
t'efforcer de mériter ce
"beau bialle" que la Providence te destine et qu'elle
façonne dans le secret d'une
âme en éveil et sous le
labeur et la généreuse correspondance avec
inspirations de l'Esprit de Sagesse et de Vérité.
Dieu sera bon pour toi; si tu sais le donner entièrement.

Tu dois toi-même t'efforcer de mériter ce «beau beatle» que la Providence te destine et qu'elle façonne dans le secret d'une âme en éveil et dans le labeur et la généreuse correspondance aux inspirations de l'Esprit de Sagesse et de Vérité! Dieu sera bon pour toi; si tu sais te donner entièrement.

Ton Château au Canada

Sache préparer ton avenir et bâtir ton futur foyer, comme on rêve d'un château merveilleux et beau. Il faudra que tu sois au milieu de ce foyer une «présence» pour ton compagnon de vie et pour les petits enfants qui naîtront de ton sein.

Tu ne connais pas encore celui qui sera ton compagnon de vie, tes enfants n'existent pas encore, mais ils sont déjà présents pour exiger de toi la préparation de ce que tu auras à leur donner dans le futur.

Songe qu'une grande responsabilité tombe déjà sur tes épaules d'adolescente et que tu ne peux pas te permettre d'être une jeune fille insouciante et désintéressée de sa formation. Sois bonne, généreuse, tenace et étudie avec acharnement.

"Ton Château au Canada". 5.

    Saches préparer ton avenir et bâtir ton futur foyer. comme on rêve d'un château merveilleux et beau. Il faudra que tu sois au milieu de ce foyer une "présence" pour ton compagnon de vie et pour les petits enfants qui naîtront de ton sein.

    Tu ne connais pas encore celui qui sera ton compagnon de vie, tes enfants n'existent pas encore. mais ils sont déjà présents pour exiger de toi la préparation de ce que tu auras à leur donner dans le futur.

    Songes qu'une grande responsabilité tombe déjà sur les épaules d'adolescente et que tu ne peux pas te permettre d'être une jeune fille insouciante et désintéressée de sa formation. Sois bonne, généreuse, tenace et étudie avec acharnement.

-6.

"pour le mieux ou pour le pire"? - - - - ils compteront sur toi,
ma Pauline. Pour le mieux et pour le pire

tu accepteras l'anneau
qui fera de toi une femme
prête, généreuse et qui'acceptc
tout de la vie pour le
bonheur des tiens et la prolon-

gation de ce bonheur, tout au long de l'existence et
jusque dans l'Éternité!

Ta ligne!

Ma Pauline, je m'inquiète des régimes
que tu prétend suivre actuellement.

Tu es trop jeune pour
entreprendre des cures d'a-
maigrissement, qui ris-
quent de chambarder tout
tes systèmes.

Mange bien et, pour
la question du poids et de
la ligne, nous y verrons
plus tard. Le conseil va
aussi à Louise.

216

Pour le mieux ou pour le pire… ils compteront sur toi, ma Pauline. Pour le mieux et pour le pire tu accepteras l'anneau qui fera de toi une femme prête, généreuse et qui accepte tout de la vie pour le bonheur des tiens et la prolongation de ce bonheur, tout au long de l'existence et jusque dans l'Éternité !

Ta ligne !

Ma Pauline, je m'inquiète des régimes que tu prétends suivre actuellement.

Tu es trop jeune pour entreprendre des cures d'amaigrissement, qui risquent de chambarder tous tes systèmes.

Mange bien et, pour la question du poids et de la ligne, nous y verrons plus tard. Le conseil va aussi à Louise.

Ton papa, ta maman

Fais confiance à ton papa. Tu m'aimes bien, je le sens. Et moi aussi je t'aime beaucoup.

Je te laisse sur cette image un peu rigolote de ton « papa-docteur ». Il a l'expérience d'un homme qui a beaucoup vécu déjà et qui a regardé vivre les humains, pour en faire son profit.

Il est un peu fatigué quelques fois. Ce qui compte, ce n'est pas ce que vous me coûtez en écus, mais les résultats que vous m'apporterez, le jour où je vous verrai partir sans moi, pour la grande aventure de l'existence.

Ce que je dis de moi vaut également pour votre chère maman.

Je t'embrasse. Bonjour et baisers à Louise.

Ton papa Marcel

Te rends-tu compte du privilège que nous avons eu d'avoir un père comme lui?

Oui, je sais, ce fut un handicap à nos relations amoureuses tant il avait mis la barre haute pour les amoureux qui s'aventuraient à nous courtiser. Nous avions été traitées en déesses, femmes et princesses. Difficile pour les hommes de notre génération de combler nos attentes et nos besoins.

Ton Papa, ta Maman

J'ai confiance à ton Papa. Tu m'aimes bien, je le sens. Et moi aussi je t'aime beaucoup.

Je te laisse sur cette image une petite figure de ton "Papa-docteur". Il a l'expérience d'un homme qui a beaucoup vécu déjà et qui a regardé vivre les humains, pour en faire son profit.

Il est un peu fatigué quelquefois. Ce qui compte, ce n'est pas ce que vous me coûtez en écus mais les résultats que vous m'apporterez, le jour où je vous verrai partir sans moi, pour la grande aventure de l'existence.

Ce que je dis de moi vaut également pour votre chère Maman.

Je t'embrasse. Bonjour et baisers à Laure. — Ton Papa

Comme tu sais, dans mon parcours amoureux, seulement Jacques, par ses qualités de cœur et sa profondeur spirituelle, a su à la fois respecter ma nature et prendre sa place. J'ai pu ainsi me libérer de mon complexe d'Œdipe.

Qu'en a-t-il été de toi, Pauline ? À travers toutes les amours qui ont jalonné ta vie, c'est un peu le même scénario qui s'est présenté. Seul un homme, rencontré dans la trentaine, musicien talentueux, fera de toi sa princesse, tout en restant dans sa liberté d'homme et d'artiste. Toujours, il te secondera et t'encouragera. Mais la relation prendra fin dans le tumulte de ton cœur trahi. Peut-être avais-tu préparé le terrain à cet échec ? Tu avais malheureusement une façon *destroy* de saboter ton bonheur, ton estime personnelle et tes espérances. La suite sera une tentative pour recréer cet amour perdu par des relations où tu essaieras de guérir cette peine d'amour. En vain. Aucun homme n'aura été pour toi à la hauteur de cet amour auquel notre père nous avait invitées à rêver...

Marcel... Notre papa gâteau, notre chouchou, mon Prince d'Égypte et ton nounours adoré ! Tu te souviens combien il se faisait complice taquin devant notre mère affolée de nos audaces? Comme cette fois où, tout nus, toi, papa et moi avions traversé la maison dans une course folle pour nous adonner au «nu-vite», mode des années soixante-dix où les participants se dévêtaient et traversaient en courant un lieu public. Dieu que nous avions rigolé de voir maman, ahurie, qui criait: «Marcel! Marcel! Voyons! Si ça a du bon sens!» Dans sa cuisine, flambants nus! J'en souris encore de plaisir.

Et que dire de sa longue maladie, lui qui souffrait de malaises cardiaques. Pendant dix ans, nous aurons peur de le perdre et cette appréhension renforcera notre attachement. Nous avons toutes les deux eu une relation d'exception avec papa, mais je crois me rappeler que tu as été la première d'entre nous à recevoir la confidence de ce qu'il appelait son «grand secret». Ce fut lourd à porter sur ton cœur si jeune, tout en te procurant un statut unique, celui d'être celle qui savait. Il y eut cependant un prix à payer. Être celle qui partageait sa souffrance émotionnelle et sa culpabilité te faisait l'épouse de son secret et de son silence.

À mon tour, j'ai fini par connaître le secret de notre père. Cela nous a, sans aucun doute, stigmatisées, mais n'a jamais altéré notre amour et notre admiration. Bien au contraire : nous éprouvions de l'empathie pour ce qu'il vivait et nous n'avons jamais remis en cause l'amour qu'il éprouvait pour notre mère. Nous étions des artistes, des jeunes femmes à l'esprit ouvert, à cette époque de libération sexuelle.

Chacune à notre façon, nous avons tout de même souffert des séquelles de ce secret de famille. Moi, pendant des années, dans une quête d'amour romantique impossible, et toi, dans cette ivresse de l'autre qui t'a laissée hypothéquée. Mais ce sont choses de la vie et chaque famille n'a-t-elle pas son « grand secret » ?

Dans tes archives, je retrouve ces grandes boîtes jaunes que nos parents gardaient dans leur garde-robe. Chaque enfant avait la sienne. Tu en as deux qui sont pleines de tes dessins et des cartes que tu confectionnais pour les fêtes et les anniversaires, en enfant aimante et douée. Plusieurs photos de toi dans les différents rôles que tu as incarnés, quelques cahiers, dont celui que t'ont offert tous ceux qui étaient de la production de *L'Amour avec un grand A,* une dramatique télévisée de celle que tu considérais comme ta mère spirituelle, notre si chère Janette Bertrand.

Puis, je découvre une enveloppe bleue qui contient une lettre, bleue elle aussi, que je t'ai adressée en 1982. Plusieurs pages lourdes de sens. Je l'ai relue quelques fois et je constate comme notre relation fut parfois passablement conflictuelle. Mais ce qui me parle le plus, c'est combien ta souffrance pouvait me prendre en otage.

Je me préservais et j'essayais, avec rudesse j'en conviens, de te laisser ce qui t'appartenait.

Il est quatre heures de l'après-midi. Seule à la campagne, je pense à toi, à cette journée d'hier, à tous ces mots que tu m'as dits. Tu es sur la route vers Rimouski, heureuse probablement, dessoufflée enfin, dégagée du venin qui t'habite à mon égard. Tu ris, tu es très bonne dans ton show, ta gang t'aime et tu es certainement mieux dans ta peau qu'il y a un an. Tu as souffert et tu es passée au travers. Enfin, tu commences à récolter!

Moi, je t'écris avec des mains glacées, un mal de tête qui ne m'a pas quittée depuis hier. C'est à mon tour, n'est-ce pas, de souffrir? Pour te sentir mieux, être heureuse, penses-tu, tu as voulu renier tout de celle qui « hélas » avait été mise à tes côtés... Pour venir confirmer que je ne suis qu'une rien du tout, qu'une prétentieuse, tu es allée piger quelques réflexions chez d'autres qui viendraient confirmer que tu avais bien raison de penser ce que tu es venue me vomir: « Louise, tu chantes mal, tu joues mal, t'écris pas bien, tu t'habilles comme une guidoune, t'es prétentieuse, manipulatrice... », etc. La seule chose que tu m'accordes, c'est ma ténacité, et encore. Tu ajoutes: « Toi, t'es déterminée et ça me fait chier!»

Toi, Pauline, pour posséder quelque chose il faut que tu l'enlèves à quelqu'un d'autre. As-tu déjà songé que tu pouvais être une très bonne comédienne et une excellente chanteuse? Sans avoir à te comparer à moi ou à notre sœur cadette? Tu as eu des difficultés à assumer ce que tu es physiquement, alors tu dénigres ce que tes sœurs sont: minces et comment elles s'habillent... Ridicule et inutile, car quand tu auras perdu cette graisse qui étouffe ta beauté et ton estime, tu seras une très

belle femme. Tu es une très belle femme, mais malheu-
reusement tu ne le vois pas. Tu te compares et ne vois
que ce que tu n'as pas. Remarque que tu commences
à changer là-dessus, mais il te faut m'écraser avant…

Ce rendez-vous-là, je peux te dire que c'était le dernier.
Ça ne me tente pas, Pauline, d'entrer en compétition
avec toi. Fais ce que tu as à faire, réalise-toi! Tu en as
toutes les possibilités et je ne serai pas un instrument
de ta réussite en ce sens: Louise déboule une marche,
Pauline peut enfin en monter deux.

Comme je t'ai laissée tomber à dix-sept ans, on va en
rester là. Fais-le ton show, pis chante-le ton air d'opéra
avec ton casque de bain sur la tête; mais fais ben atten-
tion de pas glisser sur le savon en sortant.

Moi, j'aime mieux me casser la voix à hurler mon âme,
par urgence de ne pas crever d'immobilité que de me
servir de ma sœur pour enfin me mettre à parler. En
me criant ta haine, tu t'es mise enfin à parler. C'est
fait! Tu te sens mieux! Mais ne me demande plus de
t'écouter.

Dans ta vie, aujourd'hui, tu es belle.

Pourtant, toi, dans ma vie, tu n'es que jalousie, amer-tume et... Pour prendre ton envol, tu m'as fait ce cadeau...

À dix-sept ans, je l'avais peut-être deviné et c'est sans doute pour ça que je me suis poussée. Quand on vivait à Chicoutimi, dans notre jeunesse, on ne pouvait pas faire un pas sans se faire espionner, critiquer et juger.

Toi, à trente et un ans, tu es toujours comme ça quand tu me regardes aller.

Tiens, j'te donne une dernière ritournelle avant de m'en aller :

Des images baroques bousculent mes rêves,
Des films pornos se tournent dans ma tête.
Je ne suis pas un ange,
J'ai perdu ma prière.
Je suis une panthère
Qui apparaît au loin.
Fauve en tête, fauve aux yeux ;
Sortilège et satin bleu.
Touchez-moi. Touchez-moi.

Ta sœur, la guidoune chantante

Cette lettre, qui arrive vers la fin de mon entretien avec toi, me permet de comprendre davantage les rouages hostiles de notre parcours gémellaire. Il y avait de la compétition entre nous, bien sûr, et elle se décline de différentes façons au cœur des relations sororales. Normal. Nous n'y avons pas échappé. Mais je touche aujourd'hui plus précisément à cet aspect de toi qui te menait dans des dérives insensées. Comme si pour t'affranchir de moi ou d'autres, tu avais eu besoin de nous rejeter par des mots blessants, mais qui, au fond, n'étaient pas ta voix personnelle. Ils n'étaient que l'expression de ton mal de vivre. Pourquoi as-tu hérité de l'ombre et moi, de la lumière? Je ne peux y répondre. Papa a inscrit dans l'une des lettres qu'il a écrites au moment où nous avions treize ans:

Que Louise sache bien, cependant, que tout s'applique à elle comme à toi, hormis la souffrance. Ma Louise souffre moins que ma Pauline de l'éveil de sa jeunesse. Elle est par ailleurs aussi magnifique, aussi remplie de richesses. Elle est moins meurtrie par l'existence, elle a déjà atteint la joie de vivre et l'exubérance que tu trouveras ma Pauline, toi aussi, sois en certaine. Je te le promets. J'écrirai à Lou un de ces matins une longue lettre. En attendant, je suis pour elle aussi.

Un grand ami,

Papa Marcel

Bien des éléments de ce que nous avons vécu demeureront une énigme pour moi. Je peux t'assurer, cependant, qu'il ne subsiste aucune amertume en moi. Des regrets, certes, mais rien d'impétueux ou de néfaste à ton repos ni au mien.

Dors, ma belle Pauline. Dors dans mes bras, dans la paix et l'amour rapatrié.

231

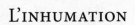

L'INHUMATION

Pauline Lapointe

12 mai 1950 — 30 août 2010

~

Fille du soleil veille sur nous

Ma belle Pauline, voici ton inscription sur le monument funéraire de notre famille, au cimetière Saint-François-Xavier, à Chicoutimi. Ton passage sur cette terre et dans nos vies est immortalisé sur cette pierre de granit rose, juste en dessous des noms de nos parents, Marcel Lapointe et Madeleine Tremblay.

Nous sommes venus pour inhumer l'urne qui contient le reste de tes cendres. Toute la famille est réunie, ton frère, tes sœurs, nos compagnes et compagnons de vie, tes nièces. Ne manque que ton neveu retenu au travail.

J'ai glané un bouquet et ce petit ange qui veillera sur ta sépulture. Je l'espère, car la veille, des jeunes gens, sans doute un peu ivres, ont saccagé quelques monuments. Un bar près d'un cimetière n'est jamais un voisinage heureux. La mort attire et terrifie à la fois. On pense la mâter en violant ses lieux de repos, pour défier ce mystère et se croire invincible, à l'abri de sa propre finitude. « Viendra pour tous le jour de la Parque implacable », comme le disait papa.

La journée chante et soleille. Nous formons un demi-cercle autour de la petite fosse qui recevra ton urne. Aux tons fauves et garnie de trois oiseaux qui, j'aime à le croire, symbolisent les trois étapes de ton existence : ta naissance, ta vie et ta mort. Voici que le vent frôle les deux lilas plantés de chaque côté du lot, présence de papa et maman qui t'accueillent auprès d'eux. Malgré le flot de larmes qui brouille mes yeux et étrangle ma voix, je commence la lecture d'un billet qui relate un peu la vie de chacun d'entre nous depuis que tu nous as quittés. Je le dépose ensuite dans l'urne, avant de refermer le couvercle. Nous te faisons circuler de mains en mains, pour une dernière caresse, un ultime baiser, un ultime adieu.

L'heure est venue de te laisser aux soins du préposé, qui, délicatement, te met en terre, langée dans un linceul de velours émeraude.

Et c'est la fin…

Lentement, les uns à la suite des autres, nous quittons le cimetière pour nous rendre au chalet, célébrer ta mémoire et celle de notre famille, orpheline de nos parents et maintenant de toi.

Aujourd'hui encore, tu nous réunis sur les rives de notre enfance, dans le miroitement de nombreux souvenirs… Je m'arrête ici d'écrire. Pour les contempler en silence.

Au crépuscule, j'irai préparer, sous une talle de bouleaux, un nid de mousse et d'aiguilles de pin pour y déposer nos poupées russes.

Réconciliées. À jamais.

Je t'aime.

Louise, ta Lou
12 mai 2015, celui de nos soixante-cinq ans

ADIEU

Fait-on jamais le deuil de sa jumelle, de son enfant?

Fait-on jamais le deuil de son père, de sa mère, d'un grand amour?

On avance sur un chemin parsemé de deuils: la perte d'un travail ou d'une maison, l'évanouissement d'un rêve ou la chute de sa santé. Comment accepter que tous ces départs fassent partie du voyage? De cette mystérieuse aventure humaine qu'est celle de vivre, d'aimer et de mourir?

Notre façon de survivre à ces revers est intimement liée à notre capacité d'accueillir et de pardonner. De tout pardonner. Les manques et les absences, comme les ruptures et les trahisons, les injustices et les colères.

Aimer un autre que soi, c'est se joindre à lui. Le perdre, c'est éprouver une descente vertigineuse vers un gouffre d'incompréhension. Éprouver un courroux si intrinsèquement noué au chagrin qu'il nous paraît impossible à évacuer, à surmonter.

La mort signe l'absence définitive de la personne que l'on chérissait. Mais parfois, elle marque aussi la fin des souffrances dont la relation était porteuse.

Un parent âgé qui termine son itinéraire de vie accueille souvent les bras ouverts la délivrance malgré la peine infligée autour de lui.

Un amour écorché, quand il rompt les amarres, libère celui ou celle qui s'accrochait à l'impossible.

Un enfant malade emporte avec lui sa souffrance et celle de ses parents, en laissant toutefois dans son sillage une grande leçon de courage et d'espérance.

Il y a ceux qui s'en vont et tous ceux qui restent, les mains vides, l'âme en apesanteur, les yeux rougis. Le lien rompu, l'espérance semble éteinte et le ciel qu'on implorait ne répond plus. Le cœur se glace, les larmes se figent et tous nos sens paralysent. Alors on meurt nous aussi. On meurt à ce qui a été.

Comment renaître? Renouer avec sa vie? Comment se donner un nouvel élan?

En laissant au passé cette vie partagée avec un parent, un amour, un enfant, une jumelle pour accueillir *notre* vie.

On embrasse alors toute la fécondité des enseignements que nous offrent ces grands mouvements d'amour contenus dans nos souvenirs. Ils deviennent la matière tangible de ce qui a été et qui a modelé ce que nous sommes aujourd'hui.

Après le choc, la stupeur, le déni, la colère et la peine incommensurable jaillissent l'acceptation de cette perte et l'accueil de ce qui est. Miraculeusement, on sent palpiter au cœur de soi une pulsion très douce, telle une petite flamme qui réchauffe ce cœur froid, et un refrain se fait entendre qui monte des sources de notre âme pour se répandre dans tout notre être..., refrain très doux..., très simple...

Il y a longtemps que je t'aime
Jamais je ne t'oublierai.

On pleure. On pleure cette fois de joie. On touche à cette part d'invisible qui apaise et soigne et d'où émerge la présence intemporelle du disparu et à laquelle nous avons accès. À nouveau.

Certains l'appellent l'amour éternel, présence divine ou l'insondable mystère de la Vie.

Je nommerai cette joie : certitude. Celle de ressentir que l'être aimé vit en moi et que tout ce que nous avons partagé est inscrit à jamais dans les sillons de mon être. De cela je suis certaine. Et cette assurance, cette foi m'élèvent au-dessus du vide et calfeutre la brèche creusée par les anciens chagrins.

Quand mon temps sera venu, je partirai sur la pointe des pieds avec la consolation de savoir que je demeure au cœur de ceux qui m'ont aimée. Je partirai sans crainte et sans regret. L'âme pacifiée.

Si on meurt comme on a vécu, je m'envolerai sur l'aile de ma plume argentée pour rejoindre, en ma terre natale, celle qui m'attend de toute éternité.

La fille du soleil me prendra dans ses bras et je n'aurai plus jamais froid.

CARNET DU LECTEUR

On fait son deuil en le racontant.

JEAN MONBOURQUETTE

Je t'offre ces pages blanches pour que tu puisses y ins-crire, à ton tour, le deuil qui t'habite.

TABLE

REMERCIEMENTS

À mon éditrice, Anne-Marie Villeneuve, à qui j'ai confié la lecture de ce manuscrit et qui m'a lavée de tout doute et m'a permis d'ouvrir enfin les vannes trop longtemps retenues, un immense merci.

À Jacques qui m'a accompagnée tout au long de ces années. Merci, mon amour, de m'avoir soutenue et de nous avoir aimées, Pauline et moi, dans toute cette traversée.

À tous ceux qui ont chéri notre Pauline, qui l'ont câlinée et en ont pris soin, un immense merci.

À Catherine, une gratitude infinie.

À ma famille, Priscilla, Geneviève et Dominique, en souvenir de Pauline et moi, merci pour tout.

LOUISE PORTAL

———

Le récit de *Pauline et moi* s'est imposé à moi, propulsé sans doute par le besoin que je ressentais de cheminer dans mon deuil et de me réconcilier avec ce qui a été. J'ai écrit en faisant confiance aux émotions et aux tableaux de vies qui naissaient sous ma plume. J'ai laissé monter la voix du cœur pour parler à ma sœur en allée. J'ai réalisé que cet amour pour ma jumelle était blotti depuis toujours au nid de l'enfance et se révélait enfin sans ambages, avec sincérité et liberté.

Le chagrin est un processus de purification, un processus d'acceptation. J'ai beaucoup pleuré en écrivant ce livre, pleuré pour permettre à cette tristesse, emmagasinée depuis longtemps, de s'évaporer au fil du temps, au fil des pages.

Je fais le souhait que *Pauline et moi* soit, pour vous aussi, l'occasion de reconnaître cet amour pour l'autre qui habite chacun d'entre nous. Qu'il vous permette de ressentir ce lien à l'autre qui mérite notre ouverture et offre en cadeau la réconciliation des cœurs.

Si j'ai d'abord écrit ce livre pour moi, c'est aujourd'hui à vous que je l'offre. En toute humilité. Puisse-t-il vous accompagner sur le chemin de l'amour et du deuil.

www.louiseportal.com

ACHEVÉ D'IMPRIMER EN AOÛT 2015
SUR DU PAPIER 100 % RECYCLÉ
SUR LES PRESSES DE MARQUIS IMPRIMEUR
QUÉBEC, CANADA.